# UNE

# MANIÈRE DE VOIR

SUR

## LE NOUVEAU SYSTÈME MILITAIRE
## DES GRANDES PUISSANCES
## DE L'EUROPE ;
## UN NOUVEAU PROJET
## SUR LE RECRUTEMENT DE L'ARMÉE ;
## LE REMPLACEMENT MILITAIRE ;

LES

## MOYENS D'AVOIR DE BONS CHEVAUX
## ET UNE SOLIDE CAVALERIE ;
## LA CAMPAGNE DE 1866 ;
## LA TACTIQUE MILITAIRE ;
## L'ÉQUITATION ET LA HAUTE ÉCOLE ;
## LES COURSES
## CIVILES ET MILITAIRES

PAR

## LE CAP. J.....

————— ∞∞∞∞∞ —————

## PONT-A-MOUSSON

## E. DONOUX, LIBRAIRE

—

FÉVRIER 1869

PONT-A-MOUSSON, TYP. BORDES.

# AVANT-PROPOS

Cette Brochure doit contribuer aux progrès de la cavalerie.

L'auteur a simplement exprimé sa manière de voir sur différents sujets sérieux ; il a la conviction que quelques-unes de ses idées seront mises en pratique par qui de droit et qu'elles pourront être utiles à bien des gens. C'est surtout l'horreur que lui inspire le remplacement militaire qui l'a déterminé à écrire ses impressions avec l'espérance que personne ne remarquera le moindre sentiment d'opposition ; attendu qu'il a toujours cherché à faire le bien et à éviter le mal autant que possible.

# OBSERVATIONS RÉSUMÉES

## SUR LE

# NOUVEAU SYSTÈME MILITAIRE

### DES

## GRANDES PUISSANCES DE L'EUROPE,

---

## Prusse.

Le sentiment militaire donne à chaque Prussien la conviction qu'il doit être militaire et servir sa patrie en temps de guerre.

On peut considérer cette puissance comme bien organisée pour la défensive et très-faible pour l'offensive, surtout dans une campagne un peu longue, à cause de la durée du service qui n'est que de trois ans dans l'infanterie et quatre ans dans la cavalerie, pour tous les jeunes gens.

## Autriche.

Le système militaire de l'Autriche est à peu près le même qu'en Prusse, seulement le sentiment militaire y est, je crois, moins prononcé, par conséquent, moins d'enthousiasme pour la défense du pays ; comme en Prusse les simples soldats sont trop jeunes pour avoir une bonne artillerie et une bonne cavalerie.

## Italie.

L'Italie n'est pas très-puissante pour la défensive ni pour l'offensive, le sentiment militaire réside principalement dans l'armée qui est heureusement commandée par un roi aimant la gloire.

## Russie.

Le sentiment militaire réside aussi principalement dans l'armée ; ce pays n'est pas très-puissant pour la défensive à cause de son étendue considérable ; mais son recrutement est excellent pour donner une armée très-solide et très-puissante pour l'offensive ; la durée du service est de quinze ans.

## Angleterre.

La meilleure armée défensive de cette puissance,

c'est la Manche ! Son armée est composée de volontaires et d'anciens soldats qui battent rarement en retraite ; il lui manque l'avancement au mérite militaire pour donner l'élan et la rendre encore meilleure.

## France.

Notre système militaire est meilleur que ceux de nos voisins, puisque la durée du service est plus longue, excepté en Angleterre.

Dans tous les pays on admet que quatre ou cinq ans sont suffisants pour faire de bons soldats.

Je crois aussi qu'en quatre ans on peut, sans atteindre la perfection, avoir de bons artilleurs et de bons cavaliers ; mais si nous les renvoyons dans la réserve aussitôt qu'ils seront bons, pour les rappeler des années plus tard, quand nous en aurons besoin, ils reviendront très-médiocres et nous n'aurons jamais que des artilleurs et des cavaliers passables ; car ceux qui seront restés trois ou quatre ans sans monter à cheval seront redevenus pour ainsi dire conscrits. Il n'en sera pas de même pour l'infanterie où les hommes de la réserve reviendront plus solides qu'auparavant. On peut donc admettre qu'avec le nouveau système nous pourrons avoir une bonne infanterie, tandis qu'il faudrait un recrutement meilleur pour l'artillerie et la cavalerie, afin d'avoir des hommes solides, et surtout de bons pointeurs dans l'artillerie et de bons tirailleurs dans les autres armes.

Je le désirerais ainsi qu'il suit dans toutes les armes :

## Recrutement et retraites de l'artillerie et de la cavalerie.

Les jeunes soldats et les engagés volontaires feraient six ou sept ans sous les drapeaux et ne seraient pas placés dans la réserve. Ceux qui se rengageraient pour cinq ou six ans pourraient se retirer à douze ans de service avec environ 500 francs de pension, les brigadiers 600 et les sous-officiers 800.

La retraite serait donc pour toute la troupe de l'artillerie et de la cavalerie à douze ans environ de service.

## Recrutement et primes pour les armes à pied.

Le recrutement des armes à pied se ferait par les jeunes soldats et les engagés volontaires.

La durée du service serait de cinq ans comme aujourd'hui.

Les engagés volontaires qui voudraient quitter le service après cinq ans de présence recevraient en partant une prime d'environ 1,500 francs, et seraient placés dans la réserve ; ceux qui voudraient continuer leur carrière pour arriver officier ne recevraient rien.

Ainsi, d'après les deux systèmes ci-dessus, les hommes se retireraient à vingt-cinq ou trente-deux ans, c'est-à-dire, assez jeunes pour se livrer avantageusement à des carrières civiles avec une pension ou une avance de 1,500 francs.

On ne saurait trop récompenser ceux qui passent leur jeunesse au service toujours prêts à jouer leur vie pour défendre leur beau pays de France ou pour maintenir l'ordre et le droit de chacun.

## Des moyens qui semblent les meilleurs pour avoir de solides soldats.

Chaque cavalier, y compris ceux de première classe dont les galons seraient honorifiques, aurait 60 centimes par jour, les brigadiers 70 centimes. 55 centimes seraient versés à l'ordinaire de manière à pouvoir augmenter la viande autant que possible.

Dans les armes à pied où les hommes sont plus petits, on donnerait 5 centimes de moins, en versant toujours à l'ordinaire de façon à ne laisser que 5 centimes de poche pour empêcher l'inconduite.

Les sous-officiers auraient une solde convenable pour avoir une bonne pension.

Ainsi, plus de chevron ni haute-paye d'ancienneté, plus de prime de rengagement, plus de remplaçant, tous les soldats égaux pour la solde dans chaque arme.

En supposant que la moyenne de la vie, après douze ans de service, fût de vingt-cinq ans, le maximum des pensions pourrait s'élever à vingt-six millions.

En supposant aussi une augmentation de 10 centimes pour chaque soldat, quatre cent mille hommes coûteraient 14,600,000 francs par an de plus qu'aujourd'hui.

En supposant encore dix mille engagés volontaires de l'infanterie se retirant chaque année avec 1500 francs de prime chacun = 15,000,000.

Ainsi : 26,000,000 + 14,600,000 + 15,000,000 = 55,600,000.

Les 40 millions environ provenant chaque année des exonérations et toutes les pensions et retraites que l'on donne aujourd'hui pour la troupe suffiraient largement pour payer ces 55,600,000 francs ; et en cas d'insuffisance on trouverait de l'argent ailleurs pour l'employer *très-utilement* à un si grand avantage pour la nation comme pour l'armée.

Je crois que les soldats français sont bien mieux nourris que ceux des autres puissances, excepté les anglais ; mais il ne faut pas se faire illusion en croyant que trois cents grammes environ de viande, y compris les os, sont bien suffisants pour nourrir un soldat pendant vingt-quatre heures, qui ne boit jamais de vin à ses repas, surtout maintenant que les exercices doivent être plus compliqués qu'autrefois.

Il ne faut pas oublier aussi que presque tous les plus beaux hommes de la France vont désormais passer cinq ans dans l'armée et que ce laps de temps se trouve juste au moment de la vie où l'homme a besoin d'une nourriture confortable pour achever le développement de ses formes physiques et la solidité de son corps.

Nous connaissons l'affreuse nourriture des soldats de quelques grandes puissances voisines, et quand on pense que tous les hommes vont être soumis à ce régime pendant trois ans on est tenté de croire que toute la population de ces grands pays entre dans la décadence.

## Comparaison de l'ancienne loi militaire avec la nouvelle.

La loi de 1855 avec exonération et les rengagements avec prime était bonne, seulement il fallait donner moins d'argent pendant l'activité et supprimer l'exonération en temps de guerre.

Cette loi aurait donné beaucoup plus d'engagés volontaires et de rengagés que celle d'aujourd'hui, et par conséquent plus d'anciens soldats qui sont les meilleurs quoiqu'on en dise.

Nous ne sommes plus au temps où les soldats étaient toujours en campagne, très-mal nourris, fatigués et bien vite usés.

Je ne veux certes pas établir mon raisonnement sur une partie de nos vieux et simples soldats qui attendent leur retraite pour avoir du pain, parce qu'ils connaissent ce dont ils sont capables et qu'ils ne savent où aller ; c'est encore en campagne où ils peuvent rendre le plus de services, attendu qu'ils ont rarement de l'argent pour se griser et qu'ils marchent sans hésiter comme le premier venu ; ils sont donc très-mauvais soldats en temps de paix parce qu'ils trouvent de l'argent pour boire.

J'établis mon appréciation sur les anciens et bons sujets en temps de paix comme à la guerre.

J'ai la ferme conviction que mille cavaliers de vingt-quatre à trente-cinq ans feraient plus de mal à l'ennemi, pendant une campagne un peu longue, que deux mille cavaliers de dix-huit à vingt-quatre ans.

Il est bien certain aussi que l'homme est plus dur aux fatigues et aux privations de vingt-quatre à quarante ans que de dix-huit à vingt-quatre ans.

Il y a aujourd'hui, dans l'armée, un nombre considérable de sous-officiers de vingt-deux à trente-deux ans, pouvant faire de solides et bons officiers. On a même remarqué que le corps des sous-officiers était plus solide et plus éclairé en 1868 qu'en 1855 ; ceci doit prouver suffisamment qu'on n'a pas pas été obligé, depuis 1855, de chercher des sujets parmi les hommes de quarante ans pour nommer des officiers.

## Remplacement militaire.

J'ai vu avec un vif regret le rétablissement du remplacement, qui ramène dans toutes les casernes cette terrible phrase : C..... vendu ; cette expression résume la dégradation, ou plutôt la déconsidération qui pèse sur l'homme qui a signé l'acte de remplacement ; elle est la source de querelles et de duels ; cependant en général, les remplaçants, quoiqu'indignés, supportent en silence et en rongeant leur frein tout ce qu'ils entendent de blessant à leur adresse, quand ils ne sont pas insultés directement et individuellement ; le plus souvent, ils sont humiliés par de mauvais plaisants qui ne les valent certes pas.

Le remplacement est une tache qui écrase un homme pendant qu'il est lié au service et qui le suit même dans la vie civile ; cependant, combien de braves et honnêtes garçons ont remplacé pour donner du pain à leurs vieilles mères, à leurs pères infirmes ou à des frères trop jeunes pour travailler. D'autres ont donné leur signature après avoir bu du vin payé par les complices de ceux qui les achetaient à bas prix ; et bien d'autres encore qui ne se doutaient pas de la déconsidération qui les attendait, ils avaient de l'instruction et croyaient naïvement arriver officier comme les jeunes soldats ; enfin, il est à peu près certain que tous se sont repentis tôt ou tard !

C'est en vain qu'on chercherait à faire croire que le rengagé avec prime descend à peu près au niveau du remplaçant ; quand la loi est pour tous, il n'y a de tache pour personne.

On doit être aussi bien convaincu que le remplacement éloigne de l'armée les jeunes gens ayant de l'instruction, attendu qu'ils ne tiennent nullement à passer des années dans des chambrées occupées en grande partie par des remplaçants.

Espérons que les grandes et belles idées, les sentiments élevés et cette puissante volonté qui imposaient, pour ainsi dire, la loi de 1855, viendront bientôt en imposer une autre qui fera disparaître celle qui n'est plus de notre époque ; car il est probable que si les députés avaient été initiés sur ce que j'ai entendu et vu à ce sujet, on aurait mis l'intérêt personnel de côté et pas un Français n'aurait voté le remplacement militaire.

## Taille.

La taille de l'infanterie pourrait être encore abaissée en recherchant un peu plus la solide constitution et un peu moins la hauteur de la taille ; il n'est pas nécessaire d'avoir $1^m$ 55 pour se servir avantageusement du fusil.

## Tabac.

Le tabac est bon pour les hommes qui ont une bonne table ; il est nuisible à la santé de ceux qui ont une nourriture à peine suffisante, parce qu'en fumant on fait accélérer la sécrétion des glandes salivaires ; par conséquent, on crache une partie de la salive qui est indispensable à la bonne digestion.

Quand nos jeunes soldats arrivent dans les régiments, il y en a très-peu qui ont l'habitude de fumer, quelques jours plus tard ils fument tous le tabac qu'on leur donne.

Il y a donc en France environ 350,000 hommes qui fument chacun pour 8 centimes de tabac de cantine par jour, ce qui fait 28,000 francs, et dans une année 10,220,000 francs : ne vaudrait-il pas mieux faire arriver cet argent à l'ordinaire. Ceux qui arriveraient avec l'habitude de fumer se serviraient de leurs centimes de poche et de l'argent qu'ils recevraient de leurs familles au lieu de s'empoisonner avec des liqueurs et autres liquides falsifiés le plus souvent; les autres n'apprendraient pas à fumer et ne rentreraient pas dans leur pays avec une passion grave pour celui qui est obligé de travailler toute une journée pour deux francs environ, qui ne suffisent pas pour nourrir et entretenir sa famille ; malgré la plus grande misère, il faut du tabac !

Le tabac de cantine est une des causes principales qui font progresser les vices.

Je me permets aussi de donner un conseil à ceux qui voudront bien l'accepter en leur disant : n'envoyez guère d'argent à vos enfants ou parents qui sont dans l'armée.

On ne devrait laisser entrer dans les casernes que du bon vin et jamais de liqueur.

En résumé, pour avoir de bons soldats, il faut les forcer à manger et les empêcher de boire en leur retirant l'argent des mains par tous les moyens possibles. Alors les hommes rentreront dans leurs familles avec une parfaite santé et une bonne conduite, et ils pourront dire : l'armée est une école de bien où l'on peut apprendre même à lire et à écrire.

## Observations générales.

Les nouvelles armes à feu ont produit une fâcheuse impression dans la cavalerie ; on a cherché d'abord par tous les moyens à faire croire à son impuissance pour l'avenir ; mais les observations sur le service en campagne, venues de notre Excellence Monsieur le Maréchal de France Niel, ministre secrétaire d'État de la guerre, ont fait taire la critique qui pesait sur cette arme, en rehaussant le rôle qui lui est réservé. Le cavalier qui écrit ces lignes a la ferme conviction que jamais cette arme n'a été appelée à rendre de plus grands services sur les champs de bataille à cause de la grande quantité de munitions et matériels qu'il faut à l'infanterie et à l'artillerie. Une de ses opérations sérieuses consistera à arrêter et à attaquer les convois, brûler ceux chargés de munitions, faire sauter les ponts, les chemins de fer surtout, etc. Pour remplir cette importante mission, il faudra braver la cavalerie ennemie, il s'en suivra des combats et de grandes batailles de cavalerie contre cavalerie ; il s'en suivra parfois la perte de la cavalerie d'un côté ou de l'autre, et le commandant en chef qui aura confiance dans la supériorité de sa cavalerie fera tous ses efforts pour atteindre ce but ; l'armée qui aura perdu sa cavalerie sera bientôt privée de tout, vaincue, prisonnière comme sa cavalerie.

La cavalerie doit donc défendre les convois de son armée, attaquer ceux de l'armée opposée, soutenir l'infanterie et l'artillerie dans toutes leurs opérations et surtout dans la déroute pour faire les prisonniers. En résumé, le rôle de la cavalerie est devenu extraordinaire et la plus habile tactique à employer est passée dans cette arme qui a besoin d'excellents chevaux.

Il faut changer l'ordonnance afin d'éviter les erreurs et les fausses manœuvres devant l'ennemi, surtout en faisant tomber une complication contenue dans l'ordonnance de 1829, qui forme un fardeau trop connu par tous les grades, qui est le siége de nombreuses souffrances. Je n'ai certes pas l'intention de critiquer ce chef-d'œuvre de 1829, mais quarante ans plus tard on doit trouver mieux pour ceux qui sont obligés d'apprendre par cœur beaucoup de mots inutiles et de faire exécuter sans progression rationnelle.

Etablir une nouvelle ordonnance complète pour tous les exercices à cheval, de façon à n'apprendre littéralement que ce qui est nécessaire pour bien comprendre chaque mouvement et réciter dans la chambre ce qui doit être donné exactement de la même manière sur le terrain.

Cette nouvelle théorie devra permettre de manœuvrer toujours dans l'ordre naturel, rapidement et sans hésitation, tout en maintenant un exercice varié qui peut distraire les cavaliers et stimuler leur attention, comme la progression théorique qui a été imprimée en 1868.

Depuis environ quinze ans, les nombreuses expériences que j'ai faites avec des chevaux très-ordinaires, surtout avec les miens, m'ont donné des résultats dépassant toujours mes espérances.

Le dressage fini contribue puissamment aux succès du cavalier et à la durée du cheval de selle, appelé à supporter des exercices sérieux avec un poids énorme; attendu que l'écuyer complet peut concentrer les forces du cheval vers le centre de gravité aux diverses allures, même pour les sauts d'obstacles où il doit bien se garder de *rendre la main*, surtout dans le travail extérieur pour franchir des obstacles sérieux. Il faut laisser de côté ce point saillant, tout en recherchant à s'en rapprocher le plus possible avec des jeunes cavaliers. Puisque la cavalerie ne pourra jamais atteindre la perfection de tout ce qui lui serait utile, il faut au moins qu'elle profite de ce qu'elle peut avoir de plus important, selon l'appréciation de celui qui en a fait le résumé qui suit :

Si on veut élever des chevaux pour gagner des prix de courses au trot, il faut supprimer le galop.

Si on élève les chevaux pour gagner des courses au galop, il faut supprimer le trot.

La cavalerie ne peut élever ses chevaux ; elle les achète à quatre ans, ils n'ont pas gagné de prix ; ils ont tous une vitesse suffisante de trot et très-peu de galop, ils ne sont pas tarés parce qu'ils n'ont rien fait ou qu'ils ont été soumis à un service progressif et très-modéré (il n'est pas question ici des exceptions). En attendant mieux, elle doit se servir et chercher à profiter de ceux qui lui sont destinés.

Si, au régiment, avec les rations réglementaires, on promenait ces chevaux chaque jour pendant une heure au pas, on les garderait en moyenne environ vingt-cinq ans, mais ils ne serviraient à rien, ils n'auraient ni trot ni galop. Ils vivraient donc très-longtemps parce que les membres ne seraient jamais fatigués que par la vieillesse.

Aujourd'hui, ces chevaux passent en moyenne cinq ou six ans dans la cavalerie où ils sont presque tous réformés pour usure des boulets ; ils ne font cependant que bien juste les manœuvres, les marches militaires et les promenades prescrites.

On peut se rendre compte qu'ils ont parcouru, pendant ces cinq à six ans, en moyenne, chacun environ 18,000 kilomètres au pas, 8,000 au trot et 700 seulement au galop. Par quoi sont-ils donc si vite usés ?

Par le trot, le poids et la transition trop brusque du repos au travail.

En prenant 50 chevaux de quatre ans parmi ceux qu'on achète vers les premiers jours de mars, pesant en moyenne 300 kilos, ils auront chacun, à peu près, 220 kilos de liquides : sang, lymphe, etc., et 80 kilos seulement de parties solides, telles que les os, les muscles, etc. Si on les fait monter chaque jour pour une promenade de trois quarts d'heure au pas et le même laps de temps au trot, en moins d'un mois chacun aura perdu près de 100 kilos de liquide ; après le repos de l'hiver ou la préparation pour la vente, ils avaient chacun environ 40 kilos de plus qu'en temps ordinaire, et par suite de cette expérience ils en ont déjà 60 kilos de moins qu'il ne faut en raison de l'âge ; les parties solides qui étaient très-molles avant ce travail ont souffert par suite d'une surcharge de 40 kilos et elles commencent à souffrir par le manque de liquide ; en continuant ainsi, les parties solides conserveraient à peu près le même poids, le liquide diminuerait encore, ce qui amènerait la raideur, l'usure des membres et la réforme ; en passant immédiatement de ce travail à un exercice très-modéré, le liquide reviendrait pour remédier en partie au mal qui avait déjà complétement suspendu le développement des parties solides. C'est ainsi que le repos de l'hiver pallié un peu le mal fait aux chevaux de courses par un entraînement trop prolongé.

Dans l'expérience qui précède, il y a eu transition trop brusque du repos au travail et abus du trot avec un poids considérable. Cette allure peut être soutenue très-longtemps sans passer au pas ; mais elle active la circulation, échauffe les articulations, finit par fatiguer les boulets et occasionne la perte rapide des liquides par la transpiration sensible.

Puisque l'Etat laisse à la cavalerie un an pour continuer l'élevage et dresser les jeunes chevaux, profitons de ce temps pour leur donner les qualités qui leur manquent pour la guerre d'aujourd'hui.

Prenons 50 chevaux dans les mêmes conditions que ci-dessus pour les exercer ainsi qu'il suit :

Pendant les mois de mars et avril une promenade de six kilomètres au pas et un au trot seulement, montés sans selle et en bridon, marchant en colonne par deux ; un brigadier montant un cheval sage ou dressé sera suivi par tous ces jeunes chevaux, sans difficulté sérieuse, vu qu'ils aiment à marcher en troupeau comme dans le travail d'ensemble : meilleur moyen de ne pas avoir des chevaux rétifs, quand on n'a pas des écuyers pour les dresser ni pour diriger le dressage.

Mai. Les chevaux sont sellés et font deux kilomètres au trot et six au pas.

Juin. Les chevaux sont bridés, même travail.

Juillet. Plus de promenade; un jour sur deux on conduit la colonne sur le terrain de manœuvre où l'on ne marche qu'au pas et au galop; on ne fait prendre le trot que le temps nécessaire pour passer du pas au galop et du galop au pas. A la première séance on fait galoper deux minutes en deux fois, ou 5 à 600 mètres.

La deuxième séance, comme la première.

La troisième séance, trois minutes en trois fois.

Même travail pour chacune des autres séances de cette première quinzaine.

Dans la deuxième quinzaine, on fait galoper en colonne par un à chaque séance quatre minutes en quatre fois ou environ 1,200 mètres.

Dans la première quinzaine du mois d'août, 1,200 mètres en trois fois et toujours à intervalles égaux ; de plus, le lendemain de chacune de ces séances, les chevaux sont montés trois quarts d'heure au manége, ou ailleurs, pour les travailler aux effets de rênes et de jambes, de pied ferme, au pas et au trot seulement (3e leçon à cheval).

Deuxième quinzaine, même travail, seulement on fait parcourir les 1,200 mètres en deux fois.

Première quinzaine de septembre, même travail en faisant parcourir 1,500 mètres en trois fois et en cinq minutes.

Deuxième quinzaine, même travail, 1,600 mètres en deux fois, avec un intervalle d'une demi-heure au moins.

Dans ces six ou sept mois, cet exercice progressif, par la chaleur, quoique modéré, aura fait perdre à chaque cheval environ 60 kilos de liquide, mais les parties solides auront gagné plus de 20 kilos ; le cheval aurait donc 160 kilos de liquide et 100 de solide, il lui manquerait 20 kilos de chaque côté pour se trouver formé comme il est dit plus haut ; ainsi à mesure que cet exercice a habitué le cheval à se servir de ses muscles avec facilité, surtout au galop, il a débarrassé les parties solides et les poumons, en graisse et liquide, de 40 kilos environ. Cette diminution de poids est une des causes qui permettent de pousser le galop jusqu'à 1,600 mètres avec de médiocres jeunes chevaux, sans craindre les tares.

Arrivés à ce degré d'instruction, ces chevaux pourraient être mis en campagne en cas de nécessité ; mais s'il étaient mal nourris et fatigués jusqu'à cinq ans, leur développement serait terminé à quatre ans et demi au lieu de cinq ans. Il est donc très-avantageux de continuer leur dressage ainsi : à partir du premier octobre on continue l'ordonnance par la quatrième leçon à cheval, de manière à terminer l'école de peloton le premier mars ; on travaille aux trois allures très-modérément trois fois par semaine ; chaque séance dure une heure un quart, sans compter l'aller et le retour ; les chevaux ont quatre jours de repos sur sept qui sont nécessaires en hiver pour réparer les pertes de l'été, etc.

Enfin, au premier mars, les chevaux sont habitués au bruit des armes et au feu, on les fait passer à l'école d'escadron, au lieu de les soumettre à un *entraînement* prescrit depuis quelques années, *excessivement per-nicieux*, qui leur ferait perdre en quelques jours environ 80 kilos de liquide à chacun, si on le mettait en pratique.

Le premier mars en question, chacun de ces jeunes chevaux doit peser environ 320 kilos dont 200 kilos de liquide et 120 kilos de solide ; il a gagné, depuis le premier octobre, les 20 kilos de solide qui manquaient et 40 de liquide, il a 20 kilos de liquide de plus que les proportions ordinaires d'un cheval en parfaite santé. Les chevaux de la première classe doivent être à peu près dans les mêmes conditions de poids que ces jeunes chevaux et plus durs à la fatigue. Néanmoins on les fait commencer ensemble le travail de la première classe en suivant exactement la progression de l'ordonnance, sans oublier le galop allongé prescrit à la fin du premier article de l'école d'escadron, qui doit continuer jusqu'à la fin de septembre, comme il est dit dans la progression théorique.

Après avoir suivi ce travail progressif pendant près de sept mois, et les promenades de chevaux, par la chaleur, tous les chevaux de la première classe devront avoir perdu chacun environ 60 kilos de liquide, 40 kilos au-dessous des proportions ; quant aux parties solides, après cinq ans elles conservent toujours à peu près le même poids, 120 kilos, pour le très-fort modèle indiqué.

Chaque année, cette diminution de poids de 60 kilos, plus 10 kilos de diminution aussi sur le cavalier et le harnachement, les bons effets d'un exercice bien compris du premier mars au premier octobre, la facilité avec laquelle le cheval peut respirer au galop, prouvent assez clairement que les chevaux peuvent faire aussi facilement deux mille mètres le premier octobre que mille le premier mars.

On peut obtenir ce résultat avec trois séances de moins de deux heures en suivant l'ordonnance et trois promenades de neuf kilomètres au pas et trois au trot, chaque semaine.

Les augmentations et diminutions de poids ci-dessus, sont presque invisibles à l'œil de beaucoup de cavaliers, vu que le cheval est en bon état ; mais toutes ses parties sont plus légères, surtout celles intérieures.

Celui qui tient ce langage est convaincu d'avoir fait perdre à son cheval plus de 50 kilos en quinze jours, de lui avoir fait reprendre le même poids dans ce même laps de temps, et de l'avoir fait diminuer de plus de 100 kilos dans un mois, il se trouvait un peu faible; et puis ensuite de lui avoir fait reprendre plus de 120 kilos en deux mois. Par suite de cette régénération des liquides, du sang principalement, ce cheval avait plus d'énergie que jamais ; mais c'était un cheval fait et l'entraînement avait été court.

La place manquant ici, on indiquera ailleurs les moyens qu'on employait pour entraîner ce cheval sans fatiguer ses membres.

En résumé, il faut exiger beaucoup du cheval pendant la saison des manœuvres et très-peu en hiver.

Mais, dira-t-on, si on se mettait en campagne l'hiver ?

La distance de la garnison au champ de bataille et à la première charge à l'ennemi, les rations souvent moins fortes, et le fourrage moins bon, suffiraient largement pour faire diminuer chaque cheval de 60 kilos et le cavalier de 10 et plus, ce qui permettra de retrouver les allures de manœuvres et le galop allongé du mois de septembre dont on pourrait se servir dans tous les cas pressants.

Les marches militaires nombreuses, trop longues,

et l'abus du trot sur le terrain de manœuvres, sont la perte du galop !

Usons nos chevaux au pas et au *galop*, et non au *trot*, tout en réglant le travail du jeune cavalier sur sa nourriture, et le galop du cheval sur sa ration, afin que la régénération de la population ne se ressente pas du séjour de la jeunesse dans l'armée où elle aura monté sur les champs de bataille des chevaux faciles à conduire et infatigables au galop.

Plus que jamais, en temps de paix, la cavalerie a besoin des manœuvres rapides et habiles et des officiers grands manœuvriers, qui seront désormais les seuls capables de bien la diriger à la guerre où l'école est devenue impossible, à cause de la rapidité avec laquelle se succèdent les batailles.

J'ajouterai encore : puisque le cheval fait, dans un état ordinaire de santé ou d'embonpoint, a les neuf quinzièmes de liquide et six de solide, autrement dit : 180 kilos de liquide et 120 de solide, il ne doit avoir que 140 kilos de liquide et toujours 120 de solide pour se trouver dans les meilleures conditions afin de soutenir de longues et nombreuses charges devant l'ennemi pendant toute une journé de bataille.

## OBSERVATIONS GÉNÉRALES

SUR LA

# CAMPAGNE D'ALLEMAGNE DE 1866

---

L'armée hanovrienne a vaillamment combattu pour sauver l'honneur des armes ; sa cavalerie assez mal montée a été brave, les cuirassiers surtout ont fait parler d'eux ; cette armée a eu l'avantage dans différents combats, mais ses succès devaient s'arrêter le jour où elle fut cernée et contrainte à une capitulation.

Le temps de combattre pour sauver l'honneur des armes, sans l'espérance de vaincre, devrait être passé. Il était bien évident que le Hanovre devait succomber bien vite ; en conséquence, son armée n'aurait pas dû perdre son temps et ses hommes dans les combats en question, qui devaient lui faire mettre bas les armes tôt ou tard ; elle devait manœuvrer de manière à éviter les rencontres autant que possible en battant en retraite vers ses alliés ; la Hesse, la Saxe et même la Bavière auraient imité cet exemple, pour se joindre aux armées autrichiennes aussitôt qu'elles seraient arrivés en ligne ; cette grande retraite dans des pays amis aurait été facile et rapide.

Enfin, les cuirassiers hanovriens ont montré aux incrédules que les nouvelles armes ne parviennent pas encore à arrêter une cavalerie bien décidée et lancée à toute vitesse sur un carré.

En traversant la Bohême, un escadron de grosse cavalerie marchait en avant-garde d'une troupe d'infanterie prussienne, alors qu'il aperçut deux escadrons de cavaliers légers autrichiens ; bientôt la charge fut entamée, les deux troupes lancées se traversèrent, se rallièrent et chargèrent de nouveau avec impétuosité en se sabrant avec acharnement ; la cavalerie autrichienne fut obligée de battre en retraite en voyant approcher l'infanterie prussienne. Cette cavalerie avait eu bien certainement l'espérance, par une attaque vigoureuse de deux escadrons contre un, de sabrer les gros cavaliers avant l'arrivée de l'infanterie qui se trouvait encore à environ une demi-lieue ; seulement elle fut trompée par la solidité de cet escadron, non parce qu'il était prussien, mais bien parce qu'il était de la grosse cavalerie : c'est le point saillant que beaucoup trop de gens ne veulent ni voir ni écrire.

Sans l'infanterie que serait-il arrivé ? il est très-probable, d'après la tournure que prenait la lutte, que l'escadron prussien se serait défendu contre les deux escadrons de la cavalerie légère autrichienne ; cette dernière n'était pas appuyée et par conséquent, malgré sa supériorité numérique, elle ne devait pas attendre de grands avantages en attaquant son adversaire qui était suivi par une division d'infanterie.

On remarque aussi dans le combat de Trautenau plusieurs escadrons de hussards prussiens qui éprouvent de grandes pertes en chargeant des cuirassiers autrichiens ; ce qu'il y a de remarquable aussi, c'est de voir les Autrichiens vainqueurs battant en retraite au lieu de poursuivre les Prussiens en complète déroute. Dans les villages de Braunau, Nachot et autres, les Autrichiens livrent des combats pour retarder la marche de l'ennemi en battant en retraite vers le sud, dans la direction générale de Sadowa et de la capitale ; ce qui devait suffire pour faire comprendre la stratégie du général en chef autrichien.

Selon ma faible manière de voir, le plan de la bataille de Sadowa fut bien conçu par le général en chef Bénédeck, qui avait choisi une position en avant de chemins de fer, de grandes communications, afin de pouvoir, en cas d'échec, battre assez facilement en retraite vers la capitale située à peu près au centre de l'Empire ; seulement il fut obligé d'étendre beaucoup trop sa ligne de bataille, de manière à pouvoir autant que possible contenir les deux armées prussiennes en avant de son front, près de trois cent mille hommes. Il est bien certain, que dans une grande ligne de bataille, il y a toujours plus ou moins de points faibles, en conséquence ; il fallait au moins la moitié de l'armée qui combattait les Italiens, cent mille hommes environ, pour consolider cette grande ligne, faire changer la face des choses, et empêcher aujourd'hui d'exagérer le savoir et les succès des Prussiens.

La position assignée à chaque arme et les autres dispositions prises en si peu de temps par le général en chef autrichien, devraient suffire pour convaincre que ce général était à hauteur de la haute et très-difficile mission qui lui avait été confiée : en effet, il porté sa grande armée en avant pour protéger et recevoir les alliés de l'Autriche, et puis ensuite il rétrograde vers ses appuis en évitant les grands combats et les batailles avec la première armée prussienne qui suit une direction générale du nord-ouest au sud-est avec l'espérance sans doute d'entrer dans Vienne. S'il avait combattu cette armée vers les frontières de la Prusse, les renforts et munitions seraient arrivés très-facilement aux Prussiens et très-difficilement à son armée qui aurait bientôt éprouvé des échecs pendant que la deuxième armée prussienne aurait continué de suivre rapidement sa direction du nord-est au sud-ouest pour arriver aussi à Vienne.

Les deux grandes armées prussiennes convergeaient donc vers la capitale en s'éloignant de leurs appuis ; pendant que le général en chef autrichien faisait tous ses efforts pour couvrir la capitale en concentrant ses troupes vers Sadowa tout en se rapprochant de ses renforts et de ses ressources. On lui reproche de n'avoir pas défendu les défilés de Trautenau, de Braunau et de Nachot : il fallait environ quarante mille hommes pour bien défendre ces passages que les Prussiens auraient certes laissés bien loin sur leur flanc droit, s'ils avaient appris qu'ils étaient gardés, quand ils firent des reconnaissances à cet effet ; ils auraient profité de cette faute pour continuer leur marche rapide sur la capitale ou en arrière de Sadowa ; dans le premier cas, les Autrichiens auraient eu à peine le temps de se réunir sous les murs de Vienne pour livrer leur bataille décisive, et si les fusils à aiguille avaient gagné cette bataille, ils seraient entrés dans la capitale qui n'est pas fortifiée.

Je crois qu'une grande faute fut commise dès le début de la campagne en ne formant pas deux grandes armées comme en Prusse, chacune aurait combattu son adversaire séparément, car il est beaucoup plus facile de faire manœuvrer cent mille hommes que deux ou trois cent mille.

L'Empereur aidé de son premier général aurait commandé en chef.

On ne devrait jamais oublier que la présence d'un souverain sur un champ de bataille double parfois la valeur d'une armée.

Nous devons encore remarquer ce qui s'est passé dans un grand combat de cavalerie où les cuirassiers bavarois ont été protégés d'une manière très-marquée par leurs cuirasses et leurs casques ; ce qui veut dire que les cuirassiers ne seront pas licenciés de sitôt et qu'ils pourront bien au contraire progresser malgré leurs ennemis.

En résumé, nous ne devons pas exagérer la puissance et les succès des Prussiens qui ont vaincu grâce à l'Italie qui tenait en échec environ deux cent mille soldats autrichiens des meilleures troupes.

# OBSERVATIONS

# SUR LA TACTIQUE

## Composition d'une division de campagne.

La division se compose de quatre régiments d'infanterie ;

Un bataillon de chasseurs à pied ;

Un régiment de cavalerie ;

Trois batteries d'artillerie ;

Une compagnie du génie.

Ces différentes armes forment un effectif de neuf mille hommes environ.

## Ordre de bataille de la division ou d'une armée.

L'infanterie est placée sur deux lignes, les autres armes et la cavalerie en troisième ligne.

Plusieurs divisions forment un corps d'armée et plusieurs corps d'armée forment une grande armée.

## Marche de front.

Le terrain permet rarement à une division de marcher en ligne, habituellement elle est formée en colonne et suit les meilleures routes de manière à pouvoir cependant se reformer en ligne aussi vite que possible.

Le régiment de cavalerie suivi de quelques pièces d'artillerie marche en tête pour éclairer la marche et arrêter l'ennemi s'il y a nécessité, afin de donner à l'infanterie le temps de se former et de prendre de bonnes positions, ensuite la cavalerie passe rapidement en arrière de l'infanterie pour prendre aussi les différentes positions assignées par le général commandant la division.

Après la cavalerie, marchent les chasseurs à pied et les sapeurs du génie.

Le reste de l'artillerie marche à la queue ou entre les deux brigades d'infanterie, comme le prescrit le service en campagne. Dans un pays accidenté, l'infanterie éclaire la marche en lui adjoignant des fractions de cavalerie.

Le gros de la cavalerie marche sur un flanc si la colonne est près de l'ennemi, dans le cas contraire, il marche à la queue et à une grande distance, afin de pouvoir régler les allures à son gré.

Les marches de front pour un corps d'armée ou une grande armée s'exécutent suivant les mêmes principes en profitant de toutes les bonnes voies de communication y compris les chemins de fer.

## Marche de flanc.

Les marches de flanc en présence de l'ennemi permettent d'atteindre une bonne position, de simuler de fausses attaques, elles peuvent offrir de grands avantages dans l'offensive comme dans la défensive, surtout quand une troupe a une grande habitude des manœuvres et qu'elle opère isolément ; mais cette tactique est parfois dangereuse quand la division fait partie d'une grande ligne de bataille, attendu que si elle fait un mouvement vers son flanc droit, elle laisse un intervalle sur son flanc gauche, un point faible ; elle doit cependant se rapprocher de la division qui est à sa droite ou à sa gauche pour prêter un appui indispensable ; dans ce cas, la réserve et la cavalerie doivent empêcher l'ennemi de traverser la ligne.

Une armée peut exécuter une marche générale vers l'un de ses flancs quand elle est bien gardée du côté de l'ennemi par ses avant-postes et qu'elle n'est pas menacée d'une attaque prochaine, alors chaque arme marche en colonne par le flanc autant que possible, de façon à pouvoir facilement rétablir la ligne générale pour faire face à l'ennemi.

Enfin, le général commandant une division isolée fait marcher et combattre selon son gré, en raison des accidents du terrain et des différentes circonstances qui se présentent, tandis que dans le corps d'armée, il est obligé d'observer les péripéties qui se passent dans les divisions voisines; il a néanmoins la tactique de ses troupes à moins d'ordre contraire du général en chef qui dirige la stratégie et qui assigne parfois la position à chaque arme avant et pendant la bataille.

Il ne faut pas perdre de vue que la bonne stratégie et la meilleure tactique se trouvent plus souvent dans le cerveau de l'homme intelligent qui commande sur le champ de bataille où tout est pour ainsi dire imprévu que dans les beaux livres. Exemple : Napoléon et quelques-uns de ses généraux, etc.

En résumé, tous les renseignements qui nous sont arrivés sur la campagne de 1866 ne doivent pas nous porter à envier la stratégie et la tactique dont on s'est servi.

On nous dit que les deux cavaleries se sont toujours chargées en ligne et à fond : dans ce cas, le mérite n'a pas été grand en tactique et en manœuvre.

Aujourd'hui, en France, tous les officiers ont la latitude d'écrire leur manière de voir, il s'en suivra probablement un perfectionnement supérieur à celui de l'Allemagne ; il sera dû aux nouvelles armes, et non à la campagne de 1866.

Les nouvelles armes semblent nous faire accepter définitivement l'ordre déployé sur trois lignes pour donner moins de prise aux projectiles lancés par l'ennemi ; tel est le motif donné par des écrivains pour appuyer cette disposition des troupes sur le champ de bataille.

Mon expérience sur les champs de bataille ne me permet pas de condamner ce principe général ; mais nous savons que la trajectoire des nouveaux fusils est très-tendue, et que les balles tirées sur notre première ligne par une troupe ennemie placée à 200 mètres peuvent atteindre la deuxième ligne, lors même qu'elle serait à 400 mètres en arrière de la première ; c'est-à-dire que toutes les balles qui passeront au-dessus de la première ligne atteindront la deuxième :

Les projectiles de l'artillerie qui atteindront la première ligne ricocheront sur la deuxième, et ceux qui passeront au-dessus de la première ligne arriveront sur la deuxième et ricocheront sur la troisième si elle ne se trouve qu'à environ 7 ou 800 mètres de la première, et, par conséquent, tous les projectiles de l'ennemi seraient reçus. Ensuite, notre première ligne, se trouvant toujours très-rapprochée de l'ennemi, serait trop mince pour résister à une charge à la baïonnette par des colonnes d'attaque jusqu'à l'arrivée de la deuxième ligne qui serait donc toujours trop éloignée de la première si elle en est à environ 400 mètres.

Supposons que la deuxième ligne serre complètement sur la première : les soldats qui ne pourront faire feu se placeront bien naturellement et exactement dans la direction de ceux qui seront en avant d'eux, ils se trouveront à l'abri des balles et de beaucoup de projectiles de l'artillerie. Quand on voudrait mettre la deuxième ligne en avant de la première, on ferait exécuter un demi-tour à chaque soldat et une demi-conversion à chaque compagnie ou bataillon double ; mais pour cela et tant d'autres motifs, il nous faut les manœuvres sans inversions.

Au lieu de former une seule ligne avec deux, on pourrait de même former une ligne double en ployant chaque compagnie, en diminuant son front de moitié, de manière à pouvoir aussi se déployer au besoin en ordre mince comme aujourd'hui ; dans ce cas, il faudrait exercer l'infanterie à manœuvrer en ordre double comme en ordre mince, et, par un simple mouvement de flanc, on passerait d'un ordre à un autre.

Or, la première ligne étant solidement constituée, les troupes de réserve et la cavalerie pourraient presque toujours s'abriter ou se maintenir à une grande distance de la première ligne ou enfin, dans les cas extraordinaires, se former en colonne et gagner du terrain tantôt vers le flanc droit, tantôt vers le flanc gauche, en évitant autant que possible de rester en face de l'artillerie ; de cette façon, la réserve se trouverait aussi pour ainsi dire abritée par la première ligne en serrant sur elle. Ces colonnes pourraient parfois passer dans les intervalles pour charger subitement à la baïonnette. Les mêmes avantages se produiraient pour les fractions de la cavalerie ; quant à la réserve de la cavalerie, en masse, il sera difficile de la maintenir en arrière du centre d'un corps d'armée ou d'une armée et de la porter en avant pour la faire agir en temps opportun, il conviendrait de la diviser en trois parties, même pour une division, il y aurait donc toujours une masse de cavalerie, plus ou moins forte selon les besoins, en arrière du centre et une autre à environ 500 mètres de chaque aile et un peu en arrière pour inquiéter continuellement l'ennemi sur ses ailes et en arrière à une distance plus ou moins grande selon les circonstances.

Les attaques de la cavalerie seront presque toujours précédées par celles de l'artillerie comme il est dit dans les observations sur le service de la cavalerie en campagne.

C'est donc vers les ailes que ces deux armes combinées peuvent être appelées à jouer un grand rôle en dehors de celui de la réserve du centre et des autres fractions de cavalerie et d'artillerie qui appuieront l'infanterie sur toute la ligne de bataille.

La cavalerie ne devrait accepter l'ordre déployé que lorsqu'elle est forcée de rester près et en face de l'artillerie et quand elle attaque par des charges, c'est-à-dire qu'elle doit se déployer aussitôt que l'ennemi peut diriger son feu avec justesse sur la fraction de tête d'une colonne. Je vais essayer de détailler ci-dessous ce que l'on peut faire dans différentes circonstances avec un peloton, un escadron, un régiment, etc., en supposant que ma troupe se trouve toujours appuyée par l'infanterie, ou l'artillerie, ou de la cavalerie, savoir:

Avant une charge en ligne, on doit envoyer des brigadiers ou sous-officiers et parfois un officier, selon l'importance de la charge, pour reconnaître le terrain qu'on doit parcourir.

Dans les charges, les officiers, surtout les serre-files, doivent redoubler de surveillance pour maintenir les cavaliers à leur place et bien alignés dans les deux rangs.

Chaque fois qu'une troupe de cavalerie ne peut s'abriter en présence de l'ennemi, elle doit être rompue

par deux ou par quatre, ou par pelotons, en attendant
son tour d'agir, faisant face au feu, les officiers et les
serre-filles en tête ou à la queue des colonnes qui sont
placées à cinq ou six cents mètres en arrière de la
première ligne de l'infanterie, à moins de nécessité
contraire.

## Charge par un peloton en ligne sur de l'infanterie.

Le chef du peloton fait rompre par deux, à environ
trois cent cinquante mètres du point à attaquer il
fait marcher quatre au trot et commande : *oblique à
droite* (ou *à gauche*), *au trot*, MARCHE, il redresse sa
colonne à environ deux cent cinquante mètres du
point indiqué et forme le peloton au galop, fait prendre
le galop allongé et commande : CHARGEZ, etc., comme
le prescrit la progression théorique.

## Charge d'un peloton en fourrageurs sur des tirailleurs d'infanterie ou sur une fraction d'artillerie.

Le chef du peloton le disperse au pas à cinq cents
mètres en arrière de l'ennemi, s'il est possible, avec
de grands intervalles, à quatre cents mètres il fait
passer au trot et à deux cent cinquante mètres il fait
sonner le *boute-charge*, alors les cavaliers resserrent
les intervalles en convergeant sur le point de l'attaque,

le reste comme il est prescrit dans la progression théorique. La troupe de soutien suit de près pour contenir la réserve de l'ennemi pendant qu'on enlève les pièces, etc.

## Troupe de soutien d'un peloton en tirailleurs.

Lorsque la troupe de soutien du peloton qui est en tirailleurs ne peut s'abriter du feu, on la fait rompre par un, de manière à ne présenter aux projectiles que la face d'un cavalier ; si on marche en avant, on fait gagner du terrain, tantôt vers la droite, tantôt vers la gauche, par la marche oblique individuelle.

On fait aussi changer la colonne de position par des à-droite, des à-gauche, des demi-tours individuels, aux allures vives, afin de pouvoir la replacer le plus tôt possible face à l'ennemi, et ausssitôt qu'on a besoin de la mettre en ligne, il faut commander rapidement : *vers la gauche* (ou *vers la droite*) *en avant en bataille, au galop,* MARCHE. S'il est nécessaire de tromper l'ennemi sur sa force, on la forme sur un rang en marchant en bataille, ce qui fait croire à un déploiement, on peut faire compter et changer de position par les mouvements par quatre, et enfin si l'occasion se présente favorable, on fait charger sur un rang comme sur deux.

Il est bon de rappeler encore ici qu'une troupe de cavalerie doit être toujours habituée à se former ra-

pidement à gauche sur un rang et à droite sur deux
et même à droite sur un rang et à gauche sur deux de
pied ferme et en marchant au pas.

Le peloton marchant au pas ou au trot, on peut
aussi faire arrêter le deuxième rang qui se porte ensuite à la droite ou à la gauche du premier rang en
doublant l'allure.

## Charges successives par pelotons contre l'infanterie.

Lorsqu'un escadron doit fournir des charges par
pelotons, le chef du premier peloton, à la sonnerie de
la *marche*, fait rompre par quatre, passer au trot à
400 mètres de l'ennemi, à 300 il fait former le peloton au galop, et immédiatement il fait prendre le galop
allongé et commande CHARGEZ à cent mètres de l'ennemi, si la charge est reçue froidement par des rangs
serrés qui continuent de charger les armes et de faire
feu, ce peloton s'échappe par la droite et revient au
point de départ, les cavaliers penchent le haut du corps
en avant comme en marchant en avant.

On peut faire succéder ces charges à quinze secondes
d'intervalle, et en moins de deux minutes un escadron
devra mettre trois à quatre cents hommes d'infanterie
en déroute.

Le premier peloton seul aura reçu deux ou trois
décharges dont deux au jugé, sans être vu, par l'in-

fanterie qui se trouve dans un tourbillon de fumée aussitôt que chaque homme a tiré un coup de fusil.

Chacun des autres pelotons aura une décharge au jugé et le mal ne sera pas grave.

L'infanterie doit être impuissante pour se défendre longtemps contre les charges de ce genre, c'est-à-dire, se succédant rapidement, aux allures en question, 200 mètres au galop allongé et 100 mètres de charge, ces 300 mètres pourront être parcourus en moins de 20 secondes, sur un bon terrain. Quand le terrain est excessivement mauvais, on ne fait prendre le galop qu'à environ 150 mètres de l'infanterie.

Si le terrain est bon et que l'infanterie ait l'habitude de ne faire feu qu'à 100 ou à 140 mètres de la cavalerie, on marche au trot jusqu'à environ 100 mètres du point à attaquer, dans ce cas, on fait prendre le galop, on commande CHARGEZ immédiatement, et ces 150 mètres sont franchis en moins de dix secondes. On agit de même quand l'infanterie ne fait que des feux de file.

On peut être convaincu qu'il n'y a pas un escadron de cavalerie en France qui ne puisse parcourir 150 mètres en dix secondes ; il s'agit donc de les habituer au galop, de façon à pouvoir récidiver ce parcours de 150 mètres plus de trente fois dans une journée décisive. Hélas ! trop de cavaliers ignorent ce qu'un cheval bien préparé pendant des années peut faire un jour de grande bataille.

## Charge en ligne d'un escadron sur de l'infanterie ébranlée par l'artillerie ou l'infanterie.

Si un escadron n'est pas abrité quand il reçoit l'ordre de charger, il est habituellement de pied ferme en arrière de l'infanterie et rompu dans chaque peloton par quatre ou par deux, faisant face au feu, de façon que les balles et boulets venant sur son front se perdent en grande partie dans les intervalles de ses colonnes.

Le capitaine le porte en avant dans cet ordre, fait passer au trot aussitôt qu'on commence le feu sur lui, fait former les pelotons en doublant l'allure, de manière à faire prendre le galop à 300 ou à 150 mètres de l'ennemi, suivant l'un des cas indiqués plus haut. S'il fait une trouée, il tient bon pendant que l'infanterie arrive pour décharger ses armes en marchant à la baïonnette et faire des prisonniers. En cas d'insuccès, il s'échappe par ses ailes et se retire rapidement comme il est prescrit dans la progression théorique.

## Charge d'un peloton en fourrageurs, l'escadron étant en marche.

Au lieu de faire marcher l'escadron en ligne avant

d'envoyer un peloton en fourrageurs, le capitaine fait rompre dans chaque peloton par quatre et passer au trot. Les colonnes doivent se maintenir perpendiculairement à la ligne de feu, lors même qu'on emploierait la marche oblique individuelle. Arrivé à une distance convenable des fourrageurs ou de l'artillerie à attaquer, le capitaine fait former le peloton désigné et le disperse en fourrageurs ; ensuite il fait former les pelotons de manière à pouvoir charger en ligne aussitôt que les fourrageurs ont démasqué l'escadron, ou exécuter un autre mouvement nécessaire en raison des circonstances.

### Charge de l'escadron en fourrageurs.

Si un escadron doit charger de l'artillerie ou des tirailleurs d'infanterie, le capitaine le fait rompre par quatre dans chaque peloton, s'il ne l'est déjà, passer au trot, forme les pelotons en doublant l'allure en arrivant sur le point d'où il veut disperser l'escadron, fait sonner le *boute-charge*. En cas d'insuccès, il ne rallie l'escadron qu'à plus de 400 mètres en arrière de notre infanterie, s'il ne doit pas reitérer sa charge immédiatement.

### Troupe de soutien d'un escadron en tirailleurs.

Lorsque la troupe de soutien d'un escadron se compose d'une division et qu'elle ne peut s'abriter du feu, le capitaine en second la fait rompre par quatre, il la porte en avant en obliquant tantôt à droite, tantôt à gauche pour paralyser la justesse du feu, il lui fait aussi gagner du terrain vers son flanc droit, vers son flanc gauche et en arrière par des mouvements par quatre, et la reforme en bataille pour les ralliements et les charges comme il est prescrit pour un peloton.

Dans ces diverses positions, la troupe de soutien ne présente que quatre cavaliers de front ou un seul de profil.

Si on veut tromper l'ennemi sur la force de cette division pour retarder son attaque avant l'arrivée des appuis ou pour d'autres causes, on la forme sur un rang face à l'ennemi et si on veut néanmoins soutenir une attaque on la fait charger sur un rang s'il y a lieu.

La cavalerie étant habituée à se former rapidement sur un rang et sur deux rangs, on doit se servir de cet avantage dans une foule de circonstances; c'est au chef habile qu'appartient le secret d'en faire usage en temps opportun.

On pourrait encore exercer le deuxième rang d'un peloton à s'arrêter et à partir au trot ou au galop en obliquant à droite ou à gauche pour se porter à hauteur du premier rang en doublant l'allure.

## Charge en ligne par un régiment contre l'infanterie.

Le régiment étant rompu dans chaque peloton par quatre, le colonel le porte en avant et se conforme à ce qui est prescrit pour un escadron ci-dessus et dans l'ordonnance pour un régiment en ligne et toujours appuyé.

## Charge d'un peloton contre un peloton de cavalerie sur un bon terrain limité.

Le chef du peloton fait porter les quatre cavaliers de droite et les quatre de gauche du deuxième rang à hauteur du premier rang, il porte le peloton en avant au pas, à environ 150 mètres du peloton qu'il veut attaquer il fait prendre le trot, ensuite le galop, et commande CHARGEZ à trente ou quarante mètres du peloton chargé, de manière qu'il ne puisse éviter le choc de la charge ; aussitôt que la rencontre a lieu, les cavaliers du deuxième rang placés aux ailes enveloppent le peloton ennemi pour pointer les cavaliers par le flanc et par derrière en criant : *prisonniers, bas les armes.*

## Charge d'un escadron contre un escadron de cavalerie sur un bon terrain limité.

L'escadron marchant en bataille, le capitaine fait

former les pelotons des ailes sur un rang pour élargir le front de l'escadron de deux pelotons commandés par des serre-files, et la charge s'effectue comme il est prescrit ci-dessus pour un peloton.

Chaque fois qu'on sonne le ralliement, les cavaliers du deuxième rang qui ont été déplacés reprennent leurs chefs de file et leur place de bataille.

## Charge d'un régiment en ligne contre un régiment de cavalerie sur un bon terrain limité.

Le régiment marchant au pas, le colonel fait mettre le sabre à la main, le peloton de l'aile droite et celui de l'aile gauche rompent par quatre en doublant l'allure et reprennent le pas aussitôt la rupture terminée, le deuxième peloton de chaque aile se forme sur un rang ; on réduit aussi les intervalles de douze mètres à quatre en faisant porter quatre cavaliers de gauche d'un deuxième rang et quatre de droite du deuxième rang qui suit à hauteur du premier rang.

Quand la rencontre des deux troupes a lieu, les pelotons rompus par quatre font tête de colonne à gauche et à droite, puis à gauche et à droite par quatre pour pointer les cavaliers ennemis par derrière et sur les ailes. Les cavaliers du deuxième rang passés au premier traversent les intervalles pour pointer aussi vigoureusement les ailes des escadrons ou fractions du centre.

## Charge d'un escadron de cuirassiers contre un escadron de la plus légère cavalerie ennemie.

Si ces deux escadrons étaient lancés l'un contre l'autre à la charge, celui de cuirassiers produirait un choc à faire boîter quelques petits chevaux et il est fort probable, si le combat devait continuer pendant un quart d'heure, qu'il resterait du tout environ quarante cuirassiers ; le résultat serait à peu près le même dans une rencontre en marchant au pas ou au trot.

Il faut vraiment avoir un intérêt ou de l'ignorance sur la conformation de l'homme et du cheval pour critiquer la grosse cavalerie française.

## Règle générale.

La cavalerie ne doit pas attendre de pied ferme une charge de cavalerie ni la prévenir en se portant en avant quand elle a du terrain pour manœuvrer.

## Charge reçue par un peloton.

Lorsqu'un chef de peloton s'aperçoit qu'il est chargé par un peloton ennemi, il commande : *peloton à droite* (ou *à gauche,*) *au galop*, de manière à commander

MARCHE aussitôt que le peloton ennemi prend la charge, pour le laisser passer et le suivre au galop en le pointant sur ses flancs et en arrière. Il devra être vaincu avant de pouvoir faire demi-tour, si on sait profiter de l'avantage de cette position qu'on peut se faire facilement en attendant toujours que les chevaux soient lancés avant de livrer le passage, afin qu'on ne puisse plus les arrêter court.

### Escadron recevant une charge.

Si le capitaine voit un escadron ennemi mettre le sabre à la main pour charger son escadron par son front, il commande : *pelotons demi-tour à gauche, au trot*, MARCHE, et ensuite : *pelotons à droite* (ou à *gauche*), *au galop*, MARCHE, de façon à pouvoir démasquer la charge qui arrive ; aussitôt qu'elle est passée, il prend la ligne la plus courte et au galop pour attaquer comme il est dit ci-dessus pour un peloton.

### Un régiment attendant la charge d'un régiment.

Aussitôt qu'un colonel s'aperçoit que son régiment va être chargé perpendiculairement à son front, il commande : *pelotons à droite et à gauche, au galop*, les chefs d'escadrons répètent et prennent chacun le commandement de la moitié du régiment, le commandement MARCHE doit être fait de façon à laisser filer la charge ; les deux escadrons de droite ayant fait tête de colonne à gauche deux fois et ceux de gauche également deux fois tête de colonne à droite de manière à reformer le régiment en arrière de la charge et à poursuivre les cavaliers par derrière et par les flancs avant et pendant leur demi-tour qu'ils ne peuvent exécuter que difficilement.

On peut aussi, dans le même cas que ci-dessus, faire exécuter un changement de front en arrière sur l'aile droite des deux premiers escadrons et un autre changement de front en arrière sur l'aile gauche des deux derniers escadrons, de manière à attaquer la charge par ses ailes et en arrière.

### Recevoir une charge de pied ferme.

Si un régiment de cavalerie se décidait à recevoir une charge de pied ferme, le colonel pourrait faire former le quatrième peloton de chaque escadron sur un rang, pour fermer complètement les intervalles, il ferait ensuite exécuter le premier temps de sabre à la main pour dégager la lame du fourreau, puis il ferait rentrer les officiers dans le premier rang pour serrer davantage les cavaliers, chacun au centre de sa troupe, ferait ensuite apprêter le fusil, mettre en joue et feu au signal d'un coup de langue fait par le brigadier trompette sur l'ordre du colonel quand la cavalerie ennemie arriverait à environ 250 mètres, passer immédiatement le fusil à la grenadière et achever de mettre le sabre à la main en rétablissant l'alignement.

Si cette manière de se servir de nos fusils à longue portée offrait des avantages, il faudrait faire exécuter les feux étant en bataille et à cheval comme à pied, par le premier rang seulement.

Il semble qu'une cavalerie exercée ainsi avec les nouveaux fusils serait terrible contre celle qui n'aurait pas cet avantage et même contre l'infanterie qu'on tromperait par de fausses attaques.

Il est bien évident qu'une troupe de cavalerie ne peut plus s'arrêter sur une ligne d'infanterie ni tourner autour d'un carré avec l'espérance de faire une trouée de pied ferme ; mais si elle pouvait décharger ses fusils en concentrant le feu sur un seul point, elle y ferait une trouée d'où elle pourrait se lancer dans le carré, pendant que notre infanterie arriverait pour aider à faire les prisonniers ; il résulterait de cet avantage de notre cavalerie, qu'aussitôt qu'une infanterie n'aurait plus de cartouches elle serait perdue, puisqu'alors on pourrait tourner autour d'un carré en faisant des feux sérieux, et probablement avant l'arrivée de l'infanterie chargée d'appuyer l'opération, l'infanterie ennemie serait en déroute.

## Combat.

Supposons un corps d'armée français de 10,000 hommes de toutes armes devant attaquer 12,000 hommes d'infanterie.

Le commandant en chef plaçant l'artillerie vis-à-vis le centre de l'ennemi, appuyée par des fractions d'infanterie et de cavalerie, puis son infanterie sur les flancs de l'artillerie et en avant, ensuite 500 cavaliers en dehors sur les flancs de l'infanterie et en arrière pour simuler quelques fausses attaques en diagonale sur les ailes de l'ennemi, pendant que 500 cavaliers se porteraient à environ 500 mètres en arrière et en dehors de chaque aile de l'ennemi, simulant aussi des charges pour faire brûler des cartouches le plus possible à de grandes distances, puis ces trois armes se rapprocheraient peu à peu de l'ennemi et aussitôt qu'il serait déployé et ébranlé par ces différentes attaques, le commandant en chef ferait un signal convenu pour cesser le feu, alors l'infanterie attaquerait à la baïonnette la face écrasée par l'artillerie, pendant que la cavalerie attaquerait par les ailes en arrière en criant : *prisonniers* ; l'ennemi déconcerté se rendrait très-probablement à discrétion.

2º Si ces deux corps d'armée ont la même composition et la même valeur, l'artillerie répondra à l'artillerie, l'infanterie à l'infanterie, la cavalerie à la cavalerie. Le combat sera long et la victoire sera due à un mouvement stratégique habile, et le plus souvent au hasard.

3º Si l'un des corps d'armée a 1,000 cavaliers de plus que l'autre, il pourra attaquer la cavalerie ennemie en temps opportun pour la contenir pendant que l'autre partie appuiera la charge à la baïonnette, mettra la déroute et aidera puissamment à faire les prisonniers.

4º Si notre corps d'armée a le même nombre de cavaliers que le corps opposé et que nos cavaliers et nos chevaux soient habitués aux feux en ligne ou en fourrageurs, nous placerons la moitié de notre cavalerie sur chaque aile de notre corps d'armée en envoyant de temps à autre le premier rang d'un peloton ou d'un escadron aux allures vives, le fusil haut et armé, qui, s'arrêtant court pour faire son feu en ligne sur l'infanterie ou sur la cavalerie, et se retirer au galop.

De même, on pourrait envoyer des pelotons et des escadrons en fourrageurs avec le fusil haut, ayant l'ordre de s'arrêter à portée de l'ennemi pour faire feu et demi-tour au galop ; ces feux masqueraient les charges et à l'instant où l'infanterie s'y attendrait le moins, elle serait chargée à fond avec le sabre à la main.

Chaque fois que l'infanterie marché à la baïonnette, la cavalerie devrait passer rapidement en colonne par quatre ou avec distance, en arrière de la première ligne de l'infanterie ennemie et en avant des réserves qui ne peuvent faire feu sans atteindre leurs différentes lignes.

## Bataille.

Dans une grande bataille, pour enlever une aile en la séparant de son armée ou pour faire une trouée dans le centre de l'ennemi, on choisit, autant que possible, le point le plus faible, c'est-à-dire le moins soutenu par les réserves, par l'artillerie et la cavalerie ; on forme vis-à-vis ce point une division de cavalerie en colonne serrée dans chaque régiment à environ 600 mètres en arrière de la ligne de feu et en avant de notre infanterie, on disperse en fourrageurs un escadron de chaque régiment pour faire feu du fusil à environ cent mètres de l'ennemi qui est forcé de commencer son feu pendant que le deuxième escadron de chaque régiment se forme à gauche sur un rang et que l'infanterie se groupe en silence derrière les deux derniers escadrons de chaque régiment restés sur deux rangs.

Les escadrons formés sur un rang font haut le fusil et se portent en avant au trot pendant que les fourrageurs se rallient en arrière de l'infanterie. Les autres escadrons et l'infanterie se portent en avant au pas à la sonnerie de la *marche*, et ensuite au trot et l'infanterie au pas gymnastique à la sonnerie qui indique l'allure, sans commandement.

La première ligne, arrivant à environ 150 mètres de l'infanterie, décharge ses fusils tant bien que mal pour faire et faire faire de la fumée qui cache ce qui se passe en arrière, alors les cavaliers se retirent par un demi-tour individuel en démasquant les escadrons qui sont en arrière et qui entament des charges successives aussitôt qu'ils sont démasqués, ils s'échappent individuellement par les ailes pour se reformer aussi en arrière de l'infanterie qui décharge ses armes à mesure qu'elle se déploie pour marcher à la baïonnette, dès qu'elle est démasquée par le dernier escadron, pendant que ce dernier escadron se rallie, on fait déployer dans chaque régiment la tête vers la droite sur le troisième escadron et à mesure que l'infanterie fait une trouée, la cavalerie l'élargit, la traverse pour se porter en arrière de l'ennemi pour achever la déroute et servir un instant de barrière aux réserves pendant que la première ligne met bas les armes, ensuite les deux armes se précipitent sur les flancs pour élargir la trouée dans tous les sens pendant que les renforts arrivent pour achever la victoire.

Quelle que soit la composition et le nombre des deux armées en présence, l'attaque ou plusieurs attaques comme celle qui précède, devrait décider de la victoire si est elle faite sur les points favorables et en temps opportun.

Ce genre d'assaut serait commencé à une grande distance par l'artillerie et la cavalerie, celle-ci attaquant par les flancs avec ses charges successives en fourrageurs avec le fusil, en arrêtant pour faire feu et parfois sans arrêter.

Quand l'infanterie ne répondrait pas à ce feu, la cavalerie s'approcherait davantage d'elle avant de tirer.

A mesure que nos trois armes se rapprocheraient, l'ennemi se couvrirait de fumée et aussitôt que notre infanterie, après son feu le plus violent, verrait l'instant favorable de marcher à la baïonnette, l'assaut se terminerait comme il est dit ci-dessus.

Il semble que plus les manœuvres seront rapides et habiles dans cet assaut, moins nous perdrons d'hommes et plus nous ferons de prisonniers ; de même, par nos manœuvres faciles et nombreuses, nous pourrons éviter un pareil assaut tenté contre nous.

# OBSERVATIONS DIVERSES

Les nouvelles armes doivent favoriser les succès de l'armée française parce qu'elle a un élan naturel et qu'elle peut arriver à combattre en manœuvrant rapidement et sans se désunir ; mais il faut bien se garder de réduire nos exercices à cheval qui servent à former les bons chevaux, autrement dit, à durcir les os et les muscles.

En réduisant nos évolutions, nous réduirions forcément le travail à cheval de chaque année ; ceci se comprend parfaitement ; attendu, qu'en général, dès qu'on a fait exécuter toutes les évolutions, on regarde malgré soi la saison des manœuvres comme terminée, etc.

On entend dire souvent : devant l'ennemi, on n'a besoin que de quelques mouvements et évolutions simples. On résonne sans doute sur le passé, puisque les différentes cavaleries de l'Europe se sont pour ainsi dire toujours attaquées par leur front et sans manœuvrer ; en raisonnant sur l'avenir, nous pouvons admettre que la cavalerie française, chaque fois qu'elle aura le terrain nécessaire, manœuvrera de façon à prendre toujours son adversaire par derrière et par son flanc dans les batailles de cavalerie contre cavalerie ; ce principe pourra s'appliquer aussi contre l'infanterie.

Ainsi la cavalerie légère pourra se défendre avantageusement de la grosse cavalerie quand elle sera parvenue, non à avoir plus de vitesse, mais à manœuvrer plus rapidement que la grosse cavalerie, de manière à se faire l'avantage de la position, pour attaquer son ennemi par derrière autant que possible, en évitant de se laisser charger perpendiculairement à son front, comme il est dit ci-dessus.

Il semble que la cavalerie légère pourrait exécuter quelques mouvements par pelotons plus rapidement que la grosse cavalerie, ce qui n'est pas cependant encore bien prouvé.

La cavalerie légère est incontestablement meilleure pour les avant-postes que la grosse cavalerie, attendu que les hommes et les chevaux sont plus petits et par conséquent plus faciles à nourrir ; chaque cavalerie peut donc rendre de grands services dans le rôle qui lui est assigné, sans chercher à critiquer ou à envier sa voisine.

Beaucoup de cavaliers prétendent que les chevaux de cavalerie se portent aussi bien en été qu'en hiver, malgré les manœuvres, et qu'il doivent peser au moins autant que pendant les grands froids.

Comme il est dit plus haut, il est difficile d'apprécier cette différence de poids à la vue, seulement il est facile de comprendre que la température chaude attire le sang à la circonférence où il gonfle les tissus et fait tendre la peau, la robe est changée, le poil est luisant et le cheval paraît bien plus beau qu'en hiver, seulement les tissus intérieurs ne sont pas gorgés de liquide et par conséquent il est plus léger.

En hiver, les liquides tendent à s'éloigner de la circonférence, la peau est moins tendue qu'en été, le poil est long et l'œil du cavalier ne peut voir la quantité de liquide renfermé vers l'intérieur du corps ; aussitôt qu'on fait travailler le cheval, ce liquide tend à s'échapper par une transpiration abondante. Un travail forcé, dans ces conditions, est dangereux pour les boulets, attendu que les parties solides n'offrent pas assez de résistance aux liquides et au poids, des tissus cèdent et reçoivent la synovie qui forme les mollettes, les ligaments des articulations des boulets s'échauffent et s'engorgent, etc. On entend cependant souvent ces faux raisonnements : les chevaux n'ont rien fait, ou : mon cheval n'a rien fait depuis long-temps, et je m'en vais lui faire parcourir tant de kilo-mètres au trot, etc. ; *funeste erreur*, point saillant, négligé et inconnu par trop de gens, malheureusement pour les chevaux.

Encore une funeste erreur propagée dans l'armée, qui peut faire du tort à l'élevage et à la cavalerie.

*Les chevaux de sang ne valent rien pour la cava-lerie.*

Dans chaque régiment, on remarque quelques che-vaux de demi-sang, minces, grêles de membres et excessivement nerveux, ils sont difficiles à dresser et parfois réformés comme rétifs ; le siége du mal est dans le tempérament trop nerveux et on attribue ce défaut au sang, parce qu'il y a un peu de ressem-blance avec des chevaux de pur-sang et de course, par la sécheresse générale des formes, au lieu de l'at-tribuer à l'action nerveuse qui tourmente continuelle-ment le cheval ; dans l'écurie même, il prend un exer-cice qui le maintient dans un état d'entraînement continuel. Les tissus ayant toujours été privés du li-quide nécessaire à leur développement, les formes sont restées minces et sèches et ont donné à ce che-val l'apparence d'un cheval de course, malgré une **origine différente.**

Les chevaux de pur-sang et de course, à part les exceptions, sont aussi minces et légers, ces formes sèches ne sont pas dues au tempérament, à un entraînement naturel, mais bien à un entraînement forcé, qui a privé aussi les tissus de liquide et empêché le développement général du corps ; mais ces chevaux ont une origine qui les rend supérieurs ; s'ils n'étaient pas soumis à l'entraînement avant quatre ans, on les verrait avec de la taille, de belles formes, ils seraient probablement un peu moins vites à quatre qu'aujourd'hui, mais ils seraient plus vites à sept ans et dureraient longtemps.

Les exceptions sont des chevaux hors ligne qui ont résisté ou qui ont été protégés par d'autres causes, ils sont très-forts et servent à la régénération des chevaux de leur espèce ; dans cette espèce, il se trouve aussi quelques chevaux ayant le tempérament nerveux en question, et ils doivent être certainement plus difficiles à maîtriser que ceux qu'on rencontre dans les régiments, parmi les chevaux demi-sang.

Si, par hasard, on a vu un cheval de course, de taille et très-fort, dans les rangs de la cavalerie, on a dû forcément le trouver difficile à arrêter, étant lancé dans une charge, puisque le dressage des chevaux de course est différent de celui de cavalerie, c'est-à-dire que les uns sont ralentis et arrêtés aussitôt qu'on tire sur les rênes, tandis que les autres sont habitués à prendre un point d'appui sur le mors et qu'ils ne sont réellement bons coureurs qu'autant qu'on tire un peu sur les rênes.

Ces effets contraires à l'ordonnance et l'habitude de faire au moins mille mètres avant d'arrêter, doivent nécessairement se faire sentir dans une charge de cinquante mètres où ils ont à peine le temps de prendre le galop de course.

Enfin, si une partie de ces chevaux n'étaient pas dressés pour les courses ni entraînés avant quatre ans, on pourrait avoir des chevaux extraordinaires pour la cavalerie ; ils auraient bien d'autres qualités que ceux de la cavalerie anglaise, sans en avoir les défauts ; grâce à cette espèce, nos trois-quarts sang et demi-sang pourront, en attendant mieux, entretenir notre grosse cavalerie avec une vitesse supérieure aux cavaleries légères qui se présenteront pour la combattre sur les champs de bataille.

Lorsqu'un régiment travaille par pelotons ou par escadrons séparément, on sait que l'exercice n'est pas le même pour chaçune de ces fractions, l'une a pu travailler au pas et au trot et un peu de galop pendant qu'une autre a beaucoup galopé parce que les hommes travaillaient bien et que le commandant du peloton ou de l'escadron aimait le galop ; il s'en suit qu'à la fin d'une séance, des chevaux sont fatigués, et pour terminer, si l'on faisait une marche au galop allongé de 1,280 mètres, ces chevaux seraient surmenés, c'est donc pour éviter ce grand inconvénient qu'il est question ailleurs de réserver un jour à part pour donner la leçon du galop allongé, étant bien convaincu, d'après des expériences, que tous les chevaux de notre cavalerie peuvent supporter 2,560 mètres de galop dans un jour sans inconvénient ; étant aussi persuadé que ce travail sera le plus agréable pour les cavaliers et le plus avantageux pour la cavalerie, il a pour but:

1° D'habituer le cheval à soutenir le galop longtemps ;

2° De doubler la vitesse du galop devant l'ennemi, quand il sera nécessaire ;

3° D'habituer les cavaliers à se maintenir alignés aux allures vives, afin de pouvoir charger cent mètres en maintenant les cavaliers plus unis et alignés que lorsqu'ils ne chargeaient que cinquante mètres.

Jusqu'à présent les charges ont été trop rares et trop courtes pour le simple cavalier qui ne pouvait jamais travailler isolément de façon à connaître la vitesse de son cheval ; aussi, dès qu'on commandait CHARGEZ, on voyait pointer quelques chevaux, le plus souvent par la volonté de leurs cavaliers qui étaient heureux de les éprouver malgré la défense et même la crainte des punitions, les autres cavaliers, n'ayant pas l'habitude de cette allure rapide, avaient le cerveau un peu ému et ne savaient guère où ils étaient ; en rentrant dans la chambre, ces derniers gardaient le silence, de crainte de laisser apercevoir l'émotion qu'ils avaient eue, et les premiers se flattaient d'avoir dépassé leurs voisins et qu'ils avaient été obligés de ralentir pour ne pas dépasser aussi les officiers.

Ceci est une vérité bien connue des anciens cavaliers.

Bientôt, on l'espère, ces inconvénients disparaîtront avec l'habitude du galop allongé qui se rapproche un peu de la vitesse de la charge et nos cavaliers pourront charger 100 mètres sans être troublés et en restant convenablement unis et alignés.

Les plus forts théoriciens de la cavalerie ont trouvé les observations de l'ordonnance de 1829 excessivement difficiles à apprendre par cœur ; et les autres, faisant tous leurs efforts pour les réciter de manière à faire le moins de punitions possible, négligeaient les explications en ne les apprenant jamais littéralement ; ils travaillaient pendant toute leur carrière pour éviter les punitions ou les reproches.

La première qualité d'un bon chef de cavalerie, c'est le bon jugement qui lui permet d'apprécier les chances de succès ou d'insuccès, d'après ses forces et celles de l'ennemi, le moral de sa troupe et celui de la troupe opposée.

La seconde qualité est le sang-froid qui lui permet aussi de cacher ses impressions et de ne laisser voir à ses inférieurs que l'espérance de vaincre.

Il doit être juste et chercher toujours à récompenser le mérite.

Il faut qu'il soit aussi excellent cavalier ; cette qualité inspire une confiance extraordinaire à ses cavaliers.

Il faut qu'il soit habile manœuvrier et qu'il connaisse parfaitement le cheval.

En présence de l'ennemi on ne doit jamais quitter sa place de bataille sans un ordre supérieur.

Tout supérieur qui se lie familièrement avec ses inférieurs, doit être assez fort pour ne subir aucune influence de ce côté.

## Tirailleurs.

Le commandant d'une troupe disperse des tirailleurs toutes les fois qu'il rencontre l'ennemi ou qu'il le suppose près de lui.

Les tirailleurs ne doivent tirer qu'à bonne portée et bien ajuster.

Ils doivent sangler convenablement leurs chevaux,

avoir leurs jugulaires serrées, le manteau en bandouil-
lère, les étriers courts.

Lorsque le commandant a fait commencer le feu, il
veille à ce que les cartouches ne manquent jamais, à
mesure qu'elles s'épuisent il en envoie chercher à son
régiment.

Toutes les fois qu'on charge en fourrageurs, on
doit chercher à prendre son ennemi par la gauche, se
servir des coups de pointe et rarement des coups de
sabre.

Si un cavalier tombe pendant la charge et qu'il ne
puisse remonter, il saisit la queue du cheval d'un de
ses camarades qui ralentit un peu l'allure pour le ramener, s'il est impossible, il se couche à terre et fait
le mort.

Chaque fois qu'un homme est démonté, ses camarades doivent accourir pour protéger sa retraite.

Un bon tirailleur doit savoir qu'il peut passer par-
tout et qu'il est très-difficile de le faire prisonnier.

## Ruses que peut employer l'ennemi.

S'il montre peu de monde et que ses tirailleurs
soient très-éloignés les uns des autres, il tient des
troupes de soutien embusquées.

S'il se retire en resserrant ses tirailleurs, il veut
passer un défilé ou charger en fourrageurs.

S'il refuse l'une de ses ailes, il veut attirer des tirailleurs dans un piége.

S'il refuse son centre, il veut envelopper nos tirailleurs.

Si ses tirailleurs disparaissent tout-à-coup, il faut arrêter et se méfier ; il est probable qu'il médite une attaque sérieuse.

## Prisonniers.

Les militaires ennemis doivent être considérés comme prisonniers aussitôt qu'ils ont jeté les armes assez loin d'eux pour ne pouvoir les reprendre ; dès qu'ils sont prisonniers, ils doivent être traités avec les meilleurs égards, maltraiter un prisonnier est une lâcheté.

Lorsqu'on fait un prisonnier à cheval, on lui fait jeter ses armes à terre, on saisit les rênes de son cheval et on le conduit en arrière du champ de bataille, là il met pied à terre et il est interrogé par l'officier commandant et confié à l'infanterie.

Le cheval d'un prisonnier appartient à celui qui l'a fait ; il le présente au colonel et doit le vendre immédiatement.

Si les bons chevaux de prise ne sont pas achetés par les officiers, le colonel les achète pour le régiment.

Lorsque des Français sont faits prisonniers on cherche à les reprendre s'il y a possibilité.

Les prisonniers sont fouillés afin de s'assurer qu'ils n'ont pas d'armes cachées sur eux.

## Déserteurs.

Lorsqu'un déserteur se présente, on lui fait jeter ses armes, on prend la bride de son cheval et on le conduit au colonel ou au commandant ; il n'est pas fouillé, son cheval et ses armes lui appartiennent.

## Parlementaires français.

Le parlementaire doit être choisi parmi les officiers ou sous-officiers les plus intelligents et les mieux montés, le trompette qui l'accompagne doit être aussi bien monté.

Avant de faire sortir un parlementaire, le commandant des avant-postes fera cesser le feu de ses tirailleurs, haut le fusil et arrêter ses cavaliers.

Le parlementaire porteur d'une dépêche choisira, pour sortir de la ligne, l'endroit le plus en vue et en face de l'officier commandant les tirailleurs ennemis ; il se portera, au pas, en avant de notre ligne de tirailleurs pour se faire distinguer des combattants.

Il se fera précéder de vingt-cinq mètres par le

trompette, puis s'arrêtera, et fera arrêter le trompette qui sonnera des appels aussitôt.

Le parlementaire aperçu fera remettre et remettra le sabre dans le fourreau, puis il agitera son mouchoir pour éclairer sur la nature de sa mission.

Il ne se laissera aborder par les cavaliers ennemis que lorsqu'il se sera assuré de leurs intentions pacifiques, et lorsqu'il verra qu'ils agissent par ordre de leurs chefs, puis il tâchera de se mettre le plus tôt possible en rapport avec un officier, se laissera bander les yeux, et agira avec sang-froid et politesse ; il écoute tout ce qui se dit autour de lui, et s'il n'a pas les yeux bandés, il doit tout voir sans avoir l'air de regarder ; il a soin de peser ses réponses aux questions qui lui sont adressées. Le trompette doit garder un silence complet.

Il se laisse conduire près du commandant en chef s'il y a lieu.

Si l'ennemi fait des signaux pour lui faire comprendre qu'on ne veut pas le recevoir, il se retire.

## Parlementaires ennemis.

Si l'officier commandant nos tirailleurs aperçoit un parlementaire, il ne fait pas cesser le feu parce que les tirailleurs ennemis auront cessé le leur ; il enverra prévenir sur le champ le commandant des avant-postes ou de l'avant-garde et attendra ses ordres ; en attendant il s'assurera que l'envoi du parlementaire ne cache pas une ruse de guerre, soit pour nous attaquer, soit pour gagner un temps précieux.

Si le général d'avant-garde ordonne de continuer le feu, le commandant des tirailleurs fera signe au parlementaire qu'il ait à se retirer, qu'on ne veut pas le recevoir.

Si l'ordre est donné de le recevoir, le commandant des tirailleurs arrêtera et fera cesser le feu ; puis, remettant le sabre dans le fourreau et accompagné de deux sous-officiers et de deux cavaliers, il se portera au-devant du parlementaire qu'il arrêtera le plus possible dans un bas-fond, pour qu'il ne puisse de là apercevoir nos lignes, il recevra sa dépêche et le renverra immédiatement.

S'il a l'ordre de conduire le parlementaire à l'état-major général, il le préviendra, le fera tourner face à l'ennemi ainsi que son trompette, et leur fera bander les yeux avec soin ; cette opération terminée, il fera conduire le parlementaire à l'état-major général par un cavalier qui tiendra la bride de son cheval et accompagné par un des sous-officiers. Le trompette sera gardé par le second sous-officier et le second cavalier, l'officier restera aussi près du trompette et tâchera d'avoir des renseignements utiles.

Le sous-officier accompagnant le parlementaire marchera à sa hauteur, et veillera avec grand soin à ce qu'il ne relève pas son bandeau pour voir autour de lui, il ne répondra à aucune des questions que celui-ci pourrait lui adresser. Arrivé à l'état-major, il le remettra au commandant en chef dont il prendra les ordres pour l'officier commandant les avant-postes.

Il est prudent de ne pas débander les yeux à un parlementaire ; mais cependant il peut se trouver des cas d'en agir autrement, soit politique ; l'opportunité de cette mesure ne peut être appréciée que par le commandant en chef.

Si le parlementaire est maintenu dans un lieu duquel il ne puisse pas apercevoir nos troupes, lui débander les yeux n'a rien d'imprudent.

Si l'aspect de nos troupes peut intimider l'ennemi, on doit les montrer aux parlementaires, surtout si notre action offensive doit suivre immédiatement le retour de celui-ci.

Il est des cas où le parlementaire doit être retenu temporairement, par exemple, quand il a pu recueillir des renseignements qu'il importe de tenir cachés à l'ennemi, ou qu'il a surpris l'armée dans l'exécution de quelque mouvement.

Il est quelquefois utile de simuler sans affectation, à l'approche des parlementaires, des mouvements propres à les induire en erreur. On peut aussi interrompre précipitamment ces mouvements comme si l'on avait à craindre d'en laisser deviner le but.

Il est tellement difficile de bander les yeux et de ne rien laisser voir ou entendre, qu'on ne doit recevoir un parlementaire à l'état-major général que dans les cas extraordinaires, il est avantageux de donner un reçu de la dépêche et d'envoyer la réponse par un parlementaire qui peut rapporter des renseignements utiles.

Sous aucun prétexte, un officier de tirailleurs ne doit se permettre de cesser le feu ni de parlementer sans ordre de son commandant supérieur.

La nouvelle progression théorique ainsi que toutes ces observations seraient bien placées chez les sous-officiers et brigadiers, qui n'ont habituellement rien à lire de sérieux. Ils auraient au moins une idée générale sur les manœuvres et sur ce qui peut être utile en campagne ; il est même très-probable que beaucoup d'entre eux profiteraient de leur jeunesse pour apprendre ce qu'un officier doit savoir.

Le bon officier de cavalerie doit puiser son instruction : 1° dans l'anatomie qui fait connaître les organes et toutes les parties qui composent les corps organisés, ainsi que les propriétés chimiques de ces mêmes parties ; elle sert de guide à l'officier pour maintenir les cavaliers et les chevaux dans les meilleures conditions possibles de santé et pour les mettre à même de rendre des services extraordinaires devant l'ennemi ;

2° Dans l'équitation qui peut doubler la puissance du cavalier et de son cheval ;

3° Dans les exercices et les évolutions variés qui donnent l'ensemble et forment des officiers capables de diriger la cavalerie sur les champs de bataille ;

4° Dans le travail pratique sur les principes contenus dans le service en campagne et dans la brochure sur *le service de la cavalerie en campagne*, venue de Son Excellence Monsieur le Maréchal Niel, ministre de la guerre.

# ÉQUITATION

## ET

# HAUTE ÉCOLE

Résumé de ma manière de voir et de faire qui m'a été demandé par une foule de cavaliers. Afin de me faire mieux comprendre, je vais essayer de raconter en exécutant moi-même.

## Quelques observations utiles pour le cavalier et pour le cheval.

### CHEVAUX DIFFICILES AU MONTOIR ET RÉTIFS.

Le cheval le plus difficile que j'aie rencontré parmi les sept ou huit cents chevaux que j'ai montés, voici comment je l'abordais : je prenais de l'avoine, qu'il aimait beaucoup, et j'approchais de lui en l'appelant et en tendant la main ; pendant qu'il savourait les grains, malgré son mors, je montais dessus, lui parlant souvent et le caressant. Je mis pied à terre et remontai dessus plusieurs fois de suite, et, en trois ou quatre séances, il fut apprivoisé ; puis, chaque fois que j'arrivais pour le monter, je l'appelais, il venait à moi. Lorsque j'oubliais de lui donner son petit cadeau, il cherchait mes poches, d'où il avait vu sortir parfois ce qu'il aimait.

Je crois qu'en moins d'un mois l'on peut amener un cheval rétif à la douceur ; pour arriver à ce but, il ne faut pas qu'un homme l'approche sans lui apporter ce dont il est le plus friand.

J'aime mieux monter mon cheval avant de le faire boire qu'après.

Je suis loin d'être de l'avis de ceux qui voudraient que l'on conduise, pour ainsi dire, les chevaux sans rênes.

Certes l'on peut fort bien travailler dans un manége sans rênes ; mais il n'en est pas de même pour le travail du dehors et les sauts d'obstacles ; en un mot, plus le cheval est soutenu du devant, plus il dure longtemps ; presque tous les chevaux de selle périssent par les membres antérieurs.

Le beau et bon cheval de selle donne l'agrément à son cavalier et l'amour du cheval ; tandis que le cheval commun peut guérir tout cavalier de la passion du cheval ; cependant il peut avoir des aplombs parfaits et de la régularité dans ses grossières proportions qui aveuglent bien des gens.

Je me permettrai aussi de donner aux jeunes gens qui commencent à monter à cheval le conseil suivant :

Maintenez le haut du corps aisé, libre et droit ; placez toutes les autres parties du corps naturellement, tant que votre cheval ira bien ; mais aussitôt qu'il cherchera à se défendre et que votre position sera compromise, serrez fortement les jambes en avant, près de ses coudes, sans tirer trop sur les rênes, bien ajustées. Ce sont les moyens qui offrent le plus de solidité et qui paralysent aussi le plus les efforts du cheval.

Je dirai encore, toujours pour ceux qui ne savent pas, que le cheval a l'ouïe plus fine et qu'il a aussi plus de mémoire que l'homme : quand il a compris, il n'oublie jamais.

A moins de nécessité, il ne faut jamais conduire son cheval sur un obstacle sans le lui faire connaître à l'avance, surtout un fossé creusé verticalement.

Après avoir étudié le poulain dès son bas âge jusqu'à cinq ans, où on lui donne le nom de cheval, l'ayant vu trotter, galoper admirablement, ruer, se cabrer, faire tous les tours de force en raison de sa conformation, on peut en conclure qu'à cinq ans il a le minimum de la souplesse du poulain et le maximum du cheval, et qu'il en a plus qu'il n'en faut pour exécuter tout ce que lui demandera le plus habile écuyer. Les exercices développeront ses forces, lui apprendront à se servir de ses muscles de la manière la plus avantageuse ; quant à la souplesse, elle ira toujours en diminuant, malgré ceux qui ont la conviction de pouvoir en donner.

Le cheval, par l'intermédiaire de ses nerfs, de sa sensibilité, craint le contact des corps extérieurs, surtout le poids de l'homme ; c'est ce qui le porte à se raidir en cherchant à résister à tous les effets qu'il ne connaît pas. Il faut donc employer les moyens les plus rapides pour l'habituer à céder ; en conséquence, il paraît plus ou moins souple en raison qu'il cède aux aides aussi plus ou moins dans tous les sens. Il s'agit de lui apprendre à céder sans le fatiguer. La progression de dressage qui suit contient le chemin le plus court pour atteindre le but en question.

Pendant tout le dressage, je ne fais jamais travailler mon cheval plus de cinq minutes sans l'arrêter pour le caresser et lui parler.

Je punis toujours mon cheval, quand il fait mal, en augmentant l'action d'un effet, et je lui rends, en le caressant, aussitôt qu'il fait bien.

Un très-bon moyen aussi, c'est de secouer légèrement la main de bride, pour indiquer au cheval qu'il fait mal ; il comprend bien vite ce petit langage qui sert souvent.

En écrivant cette progression, je veux éviter de parler, autant que possible, de ce qui est connu par la majorité des cavaliers, pour chercher à faire comprendre les points saillants et avantageux de cette manière de faire à ceux qui croiront en avoir besoin ; si elle est peu comprise aujourd'hui, dans quelques années on s'en servira avantageusement ; avec le temps, le progrès arrivera parmi les cavaliers comme ailleurs.

Quand on sait parfaitement appliquer la progression qui suit, on laisse de côté le premier degré et l'on commence de suite le deuxième par la position de jambette ; c'est ainsi que je dresse mes chevaux maintenant pour mieux faire et arriver plus vite au troisième degré.

Il est avantageux de porter les étriers courts, afin de pouvoir les chausser jusqu'aux talons pour les courses, les charges et les sauts d'obstacles.

Toujours, selon ma manière de voir, le cavalier qui fera exécuter régulièrement les deux premiers degrés à son cheval sera très-bon cavalier.

Celui qui pourra démontrer et faire exécuter à son cheval les trois degrés sera un écuyer de second ordre.

Celui qui pourra faire et démontrer de plus la haute école sera écuyer de premier ordre.

En conséquence, l'écuyer doit savoir imposer à son cheval la mesure ou cadence à toutes les allures et dans tous les mouvements. On n'arrive pas à ce degré sans avoir la solidité nécessaire.

Je trouve mes chevaux bien logés quand ils sont dans une écurie où les fenêtres restent ouvertes nuit et jour, par n'importe quelle température.

Les selles qui ont des quartiers très-courts offrent beaucoup plus d'avantages que celles qui enveloppent le cheval.

La cravache doit servir à exagérer la puissance du cavalier pour stimuler le cheval et lui donner l'énergie nécessaire dans tous les mouvements difficiles.

On dit souvent que les chevaux de course ont tous la bouche dure : ceci est vrai, vu qu'ils ont tous les muscles très-forts ; ils sont lancés presque tous les jours à cette belle vitesse de course où l'on est obligé de les soutenir solidement du devant ; il faut aussi une grande force pour les arrêter à cause de ces muscles puissants de la tête, de l'encolure et de tout le corps qui se contractent au dernier point ; la sensibilité de la bouche est diminuée, surtout chez les chevaux qui ont le corps trop long et le rein faible, qui sont les plus *difficiles à l'arrêt.*

# PROGRESSION DE DRESSAGE

## Premier degré.

Si je veux dresser un cheval simplement comme on les dresse habituellement, j'abrége la durée du dressage peut-être des trois quarts en me servant des principes contenus dans ce premier degré.

Dès le premier jour, étant à la position de la main de la bride, je saisis, avec la main droite, la rêne droite à vingt-cinq ou trente centimètres de la main gauche, je tire légèrement sur cette rêne en appuyant ma jambe droite contre la poitrine d'arrière en avant, et en fermant la jambe gauche en arrière des san- gles ; *il faut que le cheval sente ces trois pressions en même temps ;* ceci forme ce que j'appelle *l'effet du côté droit.*

Je fais *l'effet du côté gauche,* suivant les mêmes principes et par les moyens inverses, en tenant les deux rênes à pleine main avec la main droite. Je ré- pète environ deux cents fois chacun de ces effets, de pied ferme, et en marchant au pas, pendant les six premiers jours.

Ensuite, je prends une rêne de bride dans chaque main, les extrémités sortant du côté des pouces, comme les rênes du bridon, et je répète chacun de ces deux effets, comme il est expliqué ci-dessus.

Enfin, je réitère ces deux effets à toutes les allures sur les lignes droites, jusqu'à ce que le cheval cède en fléchissant un peu l'encolure à droite et à gauche.

Je saisis, pour faire l'effet du côté droit, l'instant où le pied droit de devant quitte le sol, au pas, au trot et même au galop. Celui qui ne peut saisir ce temps opportun met quelques jours de plus pour dresser le cheval.

Je porte mon cheval en avant, et l'arrête fréquemment pour l'habituer à l'*effet d'ensemble* en faisant fléchir l'encolure perpendiculairement.

En moins de vingt jours, je trouve mon cheval mieux dressé que si un cavalier ordinaire l'avait travaillé pendant un an avec le vieux système seul.

Quand mon cheval est soumis, qu'il comprend assez bien les effets de rênes et de jambes, je le conduis avec la main de bride en la portant en avant et à droite pour tourner à droite, en avant et à gauche pour tourner à gauche, la baissant pour porter mon cheval en avant, et en l'élevant plus ou moins pour arrêter et reculer comme avec tous les autres systèmes.

Les sauts d'obstacles et les courses qui se trouvent après la haute école devront compléter le travail du premier degré.

Pendant tout le dressage, à chaque leçon ou séance, je fais répéter à mon cheval tout ce qu'il connaît, pour que la fin justifie mieux les moyens.

## Deuxième degré.

### PREMIÈRE LEÇON OU PREMIÈRE JOURNÉE.

Lorsque j'ai l'intention de faire passer mon cheval par le deuxième degré, je lui fais exécuter le premier degré, moins le travail au galop sur les hanches, et les sauts d'obstacles, parce que ces exercices sont beaucoup plus faciles à la fin du deuxième degré, qui a pour but de mettre le cheval à même de faire de l'équitation avec une grande facilité.

Mon cheval étant bridé, je croise les quatre rênes bien ajustées dans les deux mains, les extrémités des deux rênes gauches sortant du côté du petit doigt de la main droite et les extrémités des deux rênes droites sortant également vers le petit doigt de la main gauche, les ongles des pouces en face du corps, ceux des autres doigts en dessous ; cette manière de tenir les rênes offre une justesse très-utile pour entamer les difficultés de la haute école.

Etant de pied ferme, je tire sur les deux rênes droites en appuyant la jambe droite contre les sangles d'arrière en avant, de manière à pousser le poids de l'avant-main sur la *jambe gauche de devant;* je ferme la jambe gauche en arrière. Ces trois pressions doivent arriver ensemble pour former l'effet du côté droit, comme il est dit dans le premier degré.

Je fais l'effet du côté gauche suivant les mêmes principes et par les moyens inverses.

Je répète ces deux effets de côté plus de cinquante fois dans le courant de cette leçon, ayant soin d'entrecouper ce travail de pied ferme en faisant exécuter à mon cheval tous les mouvements très-connus dans les manéges, comme au premier degré, avec la position de la main de bride.

Aussitôt que mon cheval a cédé à l'effet du côté droit, je fais l'effet du côté gauche et ainsi de suite en suivant une progression ascendante à mesure qu'il se soumet, de manière à ne jamais employer une grande force qui serait nuisible.

DEUXIÈME JOURNÉE.

Si je réitère constamment les deux effets de côté,

je m'aperçois, à la fin de cette leçon, que le membre du côté où je fais l'effet commence à s'alléger.

### TROISIÈME JOURNÉE.

En travaillant toujours les deux effets de côté, vers la fin de la leçon, le pied du côté de l'effet quitte le sol ; aussitôt que le pied se lève il faut rendre, caresser et parler.

### QUATRIÈME JOURNÉE.

Avant la fin de cette séance mon cheval soutient un peu le pied du côté où je fais l'effet.

### CINQUIÈME JOURNÉE.

En réitérant de plus en plus les deux effets de côté, à la fin de la leçon, mon cheval *soutient le pied du côté de l'effet*, il commence à faire jambette.

### SIXIÈME JOURNÉE.

J'exige plus de rapidité et de régularité pour faire prendre à mon cheval la *position de jambette* qui consiste à soutenir une jambe en s'appuyant sur trois seulement.

### SEPTIÈME JOURNÉE.

Je commence à exiger que mon cheval conserve la position de jambette selon ma volonté ; quand il pose son pied à terre trop tôt, je réitère l'effet du même côté en employant l'éperon avec la jambe qui est en arrière, ce qui le force à reprendre la position immédiatement.

### HUITIÈME JOURNÉE.

Dans la position de jambette à droite, j'exige que mon cheval touche parfois son épaule droite avec le bout de son nez ou les branches du mors de bride.

Dans la position à gauche, mêmes principes et moyens inverses.

### NEUVIÈME JOURNÉE.

Je continue de faire prendre successivement les deux positions ci-dessus, en ayant soin de faire passer le bout du nez de mon cheval le plus près possible de sa poitrine en allant d'un effet à l'autre.

### DIXIÈME JOURNÉE.

En tirant légèrement sur les quatre rênes et en fermant les jambes un peu en arrière, je fais *l'effet d'ensemble*. Je réitère cet effet jusqu'à ce que mon cheval touche parfois son poitrail avec son mors de bride.

### ONZIÈME JOURNÉE.

Même travail en perfectionnant les trois positions ci-dessus, de manière à les faire prendre avec des effets très-légers ; en persistant tous les jours suivants sur ces points essentiels, on y arrive plus ou moins vite.

### DOUZIÈME JOURNÉE.

Toujours le même travail.

### TREIZIÈME JOURNÉE.

Etant à la position de la main de la bride, pour faire jambette à droite, *je baisse la main en la tirant vers ma hanche gauche*, et les quatre rênes se trouvent remplacées.

Pour faire jambette à gauche, mêmes principes et moyens inverses.

### QUATORZIÈME JOURNÉE.

Répétition de tout le travail, surtout de la treizième journée.

### OBSERVATIONS.

Les deux effets de côté sont complets quand, après avoir fait jambette à droite, le pied droit arrivant à terre, la gauche se lève instantanément pour faire jambette à gauche, et ainsi de suite ; aussitôt qu'un pied touche le sol, l'autre doit se lever franchement, ce qui prouve que ces deux effets sont bien faits par le cavalier et que l'obéissance de la part du cheval est parfaite.

Cette position de jambette est le *secret du dres-*

*sage*, quand elle est *obtenue par les jambes du cavalier*, et non par d'autres moyens.

*C'est la clef la plus puissante de l'équitation*, attendu qu'elle retire au cheval *un appui sur quatre*; il est forcé de se tenir sur *trois jambes pendant l'action d'un effet*; il ne peut chercher à se défendre, *il se croit pris comme dans un étau*; on peut donc le *broyer à sa guise, tout le travail prend son rapport direct avec cette position*; *elle donne toutes les autres positions nécessaires à tous les mouvements et à toutes les allures, par l'intermédiaire des deux effets de côté et de l'effet d'ensemble*.

Il est difficile de comprendre à quel degré arrive l'entente ou correspondance qu'il y a *entre les jambes du cavalier et celles du cheval*.

Pendant quelques jours, aussitôt que le cavalier ferme une jambe, le cheval lève la sienne opposée; mais cela passe bien vite, sans s'en occuper, cependant; si l'on veut, on n'a qu'à fermer les deux jambes jusqu'à l'éperon, en le portant en avant, et, après quelques corrections de ce genre, il attendra bien qu'on lui demande la position de jambette avant de la prendre.

### QUINZIÈME JOURNÉE.

#### *Galop.*

Tenant les quatre rênes, et mon cheval marchant

au pas ou au trot et à main droite, sur l'un des grands côtés du manége, pour le faire partir sur le pied droit, je le rassemble fortement ; puis je fais l'*effet du côté droit,* absolument comme pour faire *jambette à droite.*

Pour faire partir mon cheval sur le pied gauche, j'emploie les moyens inverses.

Après plusieurs départs à main droite et à main gauche, avec les quatre rênes, je répète le même travail avec la main de bride, encore comme pour faire jambette avec la main de la bride.

SEIZIÈME JOURNÉE.

Mon cheval marchant au trot bien rassemblé, pour lui faire tenir les hanches à droite, je fais l'effet du côté droit sans fermer la jambe droite contre la poitrine, et le cheval se *précipite dans ce vide laissé par ma jambe droite,* quoiqu'elle agisse encore un peu pour modérer le mouvement.

Je fais appuyer à gauche par les moyens inverses.

Mon cheval ayant compris au trot, je le fais appuyer au pas.

Quand mon cheval connaît les effets en question et qu'il se laisse rassembler, il est plus facile de tenir les hanches *au trot* qu'au pas, vu que la base de sustentation est diminuée et que la masse est facilement déplacée.

Je répète le même travail avec la main de bride.

## DIX-SEPTIÈME JOURNÉE.

Répétition de tout le travail, surtout des deux dernières journées.

## DIX-HUITIÈME JOURNÉE.

Tenant les quatres rênes bien ajustées et mon cheval marchant au galop sur le pied droit, pour le faire changer de pied, je fais l'effet du côté gauche, comme pour faire jambette à gauche ; je soutiens cet effet jusqu'à ce que le changement de pied soit exécuté.

Pour remettre mon cheval sur le pied droit, j'emploie les moyens inverses.

Je répète le même travail avec la main de bride, comme pour faire jambette.

## OBSERVATIONS.

Je continue à répéter ce deuxième degré pendant dix ou quinze jours, en faisant de bonnes promenades dehors, et mon cheval est apte à faire avantageusement de l'équitation assez difficile.

Pour faire la pirouette ordinaire à droite, je fais l'effet du côté droit sans serrer la jambe droite, avec plus d'effet dans la main que dans la jambe gauche.

Le même mouvement s'exécute à gauche par les moyens inverses.

Pour faire la pirouette renversée à gauche, je ferme la jambe droite en arrière en fixant la main de bride.

Ceux qui ne connaissent pas les principes du galop n'ont qu'à voir les allures qui se trouvent après la haute école.

## Troisième degré.

HAUTE ÉCOLE TRÈS-AVANTAGEUSE POUR LE CAVALIER ET LE CHEVAL.

En faisant l'application de ce degré, je répète les deux premiers à chaque leçon ou séance.

EFFETS DE CÔTÉ EN MARCHANT AU PAS.

Mon cheval marchant au pas, je prends les quatre rênes, et à l'instant où le pied droit de devant arrive à terre, je ferme la jambe droite comme si je voulais faire jambette à gauche ; quand le pied gauche arrive aussi sur le sol, je ferme de même la jambe gauche : cette pression finit par faire lever la jambe opposée plus haut que d'habitude, à faire allonger et raccourcir le pas ainsi que *précipiter ou ralentir la mesure ou cadence, qui joue le même rôle dans la haute école* que celle de la musique pour l'ensemble.

Pour bien saisir cette cadence, il faut serrer chaque jambe à l'instant où elle tombe contre le cheval, par suite du branle de l'allure.

Lorsque mon cheval commence à comprendre ces deux effets, je les répète avec la main de la bride.

En maintenant mon cheval bien rassemblé et en continuant les deux effets de côté, il lève tellement les pieds, qu'il commence un peu le pas espagnol ; il joue avec les pieds de devant comme un chat avec ses pattes.

Quand le cavalier comprend bien ces effets de pied ferme, et en marchant au pas, il peut facilement les appliquer en marchant au trot.

#### EFFETS DE CÔTÉ EN MARCHANT AU TROT.

Mon cheval marchant au trot, à l'instant ou le bipède diagonal gauche arrive à terre, je fais l'effet du côté droit, avec les quatre rênes, et quand le bipède diagonal droit arrive à son tour sur le sol, je ferme de même la jambe droite en faisant l'effet du côté gauche et je continue à faire alterner ces deux effets ; quand ils sont compris, je répète le même travail avec la main de bride comme pour faire jambette tantôt à droite, tantôt à gauche.

Lorsque le cavalier ne peut saisir le poser de chaque bipède pour faire ses pressions de jambe, c'est le cheval qui règle son trot sur les pressions, si elles sont faites à peu près en mesure.

## USAGE DES ÉPERONS EN MARCHANT AU TROT POUR REMPLACER LES ATTAQUES.

Marchant au trot, je laisse allonger un peu mes quatre *rênes en appuyant les bras au corps*, de façon à les rendre *immobiles* autant que possible, *j'ouvre les genoux en les élevant et en tournant la pointe des pieds en dehors ; les éperons se trouvent aux flancs de mon cheval* et un peu en arrière des sangles, ils remplacent mes pressions de jambes, pour les deux effets de côté et l'effet d'ensemble qui donne la mise en main ; à l'immobilité des deux mors dans la bouche et à l'effet des éperons qui suivent la cadence du trot, mon cheval *se grandit du devant, en fléchissant l'encolure ;* s'il a la tête basse, je tiens les mains hautes ; si elle est trop haute, je tiens les mains basses : il prend la position de tête que je désire ; il se sent tellement pris, qu'il est loin de chercher à ruer.

Je répète le même travail avec la main de la bride tout en faisant allonger et ralentir l'allure.

## RASSEMBLER DE LA HAUTE ÉCOLE.

Etant de pied ferme, je travaille à amener mon

cheval au rassembler en faisant usage des éperons comme il est dit ci-dessus, en ajoutant de petites attaques pour le forcer à rapprocher ses quatres pieds le plus possible du centre de gravité.

PAS ESPAGNOL.

Mon cheval bien rassemblé et à la position de jambette à droite, je ferme fortement la jambe gauche en rendant un peu la main, et le pied droit se pose plus en avant que le gauche.

Mêmes principes à gauche et par les moyens inverses de manière à faire prendre la position de jambette à chaque pas.

Si mon cheval prend difficilement le pas espagnol, je le place à quelques pas de la sortie du manége, et son désir de sortir facilite cette allure.

Je fais allonger et ralentir le pas espagnol en réglant la mesure avec les jambes, comme pour le pas et le trot.

PASSAGE.

Mon cheval marchant au trot bien rassemblé et cédant dans tous les sens, je lui fais allonger et raccourcir cette allure, précipiter et ralentir la mesure ; en conséquence, si je prolonge l'effet du côté droit, l'équilibre se maintient sur le bipède diagonal gauche plus longtemps que d'habitude, et les deux pieds du bipède diagonal droit se lèvent très-haut et marquent un temps d'arrêt avant de redescendre sur le sol.

J'obtiens le même résultat en prolongeant l'effet du côté gauche, ce qui veut dire qu'en faisant succéder lentement les deux effets de côté, on obtient la plus gracieuse des allures qui se nomme *passage*.

J'exerce mon cheval à allonger et à raccourcir le passage, à précipiter la mesure en cadence en faisant succéder, plus ou moins vite, mes deux pressions de jambes.

### CHANGEMENT DE PIED.

Mon cheval marchant au galop sur le pied droit, à l'instant où le pied droit arrive sur le sol pour terminer un temps de galop, je fais l'effet du côté gauche comme pour faire jambette à gauche.

Pour le remettre sur le pied droit je fais l'effet du côté droit.

Si je fais succéder les effets tous les deux temps de galop, mon cheval change de pied tous les deux temps.

### OBSERVATIONS.

Je continue le travail du troisième degré avec la bride, jusqu'à ce que mon cheval exécute régulièrement.

On peut faire exécuter ces trois degrés à n'importe

quel cheval de selle ; on met plus ou moins de temps en raison de ses moyens.

Je dirai au cavalier qui veut aller vite : Pensez à votre cheval pendant le travail, agissez avec lui comme avec un second vous-même, et vous verrez qu'il répondra bien vite à tous vos désirs ; l'instinct du cheval est constamment à son cavalier, qui pense rarement à lui.

Le cheval dressé à ces trois degrés devra durer plus longtemps que celui que l'on torture pour faire de l'équitation et des changements de pieds renversés qui usent les quatres boulets et donnent naissance à une foule de tares.

Avant cent ans il est probable que tous les chevaux de selle seront dressés ainsi ; telle est ma conviction, à cause des chevaux fins, que nous aurons bientôt.

## Haute école de luxe.

Cette haute école offre trop peu d'avantage au cheval dressé au troisième degré pour s'en occuper en dehors de la distraction ; mais elle contient des difficultés si belles que l'écuyer s'y livre avec plaisir et arrive plus ou moins vite en raison de ses moyens et de la conformation du cheval.

Je commence encore chaque mouvement avec les

quatre rênes, que j'abandonne aussitôt que le cheval a compris, pour prendre la position de la main de la bride.

## TROT EN ARRIÈRE.

Mon cheval, marchant au trot, bien rassemblé, je l'habitue à ralentir cette allure et à la continuer en arrière, en faisant succéder les deux effets de côté qui suivent la cadence pour empêcher le cheval de prendre le pas en employant une force relative à sa sensibilité.

## JAMBETTE.

Comme il est prescrit au deuxième degré.

### JAMBETTE SUCCESSIVE A DROITE ET A GAUCHE.

En faisant succéder les deux effets de côté, mon cheval se conforme à cette mesure pour faire jambette tantôt à droite, tantôt à gauche, comme au deuxième degré, étant de pied ferme.

### JAMBETTE SANS RÊNES.

Mon cheval étant à la position de jambette, j'abandonne les rênes et je conserve la position des jambes qui maintiennent l'effet ; aussitôt que je les desserre, mon cheval pose son pied à terre.

## MOYEN DE FAIRE COMPTER PAR UN MEMBRE ANTÉRIEUR OU GRATTER LE SOL.

Etant de pied ferme, je fais l'effet du côté droit, comme pour faire jambette en rendant aussitôt ; à l'instant où le pied va arriver à terre, je réitère l'effet, et en continuant, la jambe du cheval se conforme à la mesure de mon effet de côté pour le lever et le poser.

### PAS ESPAGNOL.

Comme au troisième degré.

### PAS ESPAGNOL LENT ET PRÉCIPITÉ.

Je fais ralentir, précipiter la mesure du pas espagnol en faisant alterner les deux effets plus ou moins vite, comme au troisième degré.

### CHANGER DE PAS.

Mon cheval marchant au pas espagnol, après avoir fait l'effet du côté droit, au lieu de faire l'effet du côté gauche, je refais celui du côté droit, ce qui empêche le pied gauche de se lever et force le droit de se relever aussitôt qu'il touche le sol.

Je fais le changement de pied inverse en faisant deux fois de suite l'effet du côté gauche et une fois l'effet du côté droit.

En continuant à faire deux effets d'un côté et un de l'autre, j'obtiens une nouvelle allure.

### PAS ESPAGNOL SANS RÊNES.

Marchant au pas espagnol, j'abandonne les rênes en continuant de faire les deux effets de côté avec les deux jambes seulement, et mon cheval soutient le pas espagnol.

### ARRÊT SUR TROIS JAMBES.

Mon cheval marchant au pas espagnol, si je maintiens l'effet du côté droit, en arrêtant, il conserve la jambe droite levée. Je répète le même mouvement sans rênes, en faisant l'effet avec les jambes seulement.

Le mouvement s'exécute à gauche par les moyens inverses.

### PASSAGE.

Comme au troisième degré.

### PASSAGE LENT ET PRÉCIPITÉ.

Comme au troisième degré.

### CHANGER LE PAS AU PASSAGE.

Mon cheval marchant au passage, si je fais deux effets du côté droit de suite, il change de pas comme au pas espagnol, en continuant de faire deux effets d'un côté et un de l'autre, il en résulte une nouvelle allure fort jolie.

### ARRÊT SUR TROIS JAMBES.

Etant au passage, si j'arrête en maintenant l'effet du côté droit à l'instant où le bipède diagonal gauche arrive à terre, la jambe droite reste en l'air et les trois autres à l'appui.

### PIAFFER.

Je ralentis le trot jusqu'à l'exécuter en place, et le piaffer se trouve obtenu.

### PIAFFER LENT ET PRÉCIPITÉ.

En répétant très-vite les effets de côté, je fais précipiter le piaffer ; dans ce cas, mon cheval lève peu les jambes ; mais si je fais alterner très-lentement les deux effets, mon cheval lève les pieds très-haut pour se conformer à la mesure.

### PIAFFER SANS RÊNES.

Mon cheval étant au piaffer, j'abandonne les rênes et je continue les deux effets avec les jambes.

### ARRÊT SUR TROIS JAMBES.

Mon cheval étant au piaffer, si je maintiens l'effet

du côté droit, en arrêtant, il conserve la jambe droite, levée.

### PIROUETTE SUR TROIS JAMBES.

Mon cheval étant à la position de jambette à gauche, bien rassemblé, je tourne la pointe du pied droit en dehors en donnant de petits coups d'éperon pour lui indiquer qu'il doit tourner à gauche ; il obéit bien vite, mais son pied gauche de devant arrive à terre. Il faut recommencer assez souvent pour qu'il tourne avec la jambe levée. Aussitôt que je m'aperçois que le pied touche le sol, j'augmente l'action de l'effet du côté gauche, ce qui le force à relever bien vite la jambe. Seulement, il est difficile de voir le poser du pied gauche en conservant la position du corps nécessaire au mouvement ; en conséquence, pour aller plus vite, je profite parfois du soleil, afin que l'ombre du pied gauche me serve pour régler mon effet. Ainsi, aussitôt que le pied descend vers le sol, je réitère l'effet du côté gauche jusqu'à l'éperon dès qu'il est bien placé, je desserre pour lui faire comprendre qu'il est bien. Alors il cherche à marcher en conservant son équilibre sur trois jambes.

J'obtiens de même le mouvement inverse.

### PIROUETTE ET PAS ESPAGNOL.

Après avoir fait une pirouette, je fais deux ou trois

pas à l'allure du pas espagnol, et ainsi de suite en continuant ces deux airs.

## PASSAGE EN ARRIÈRE.

Mon cheval étant au passage, je suis une progression ascendante dans l'action des deux effets de côté en faisant primer la main de manière à forcer le cheval à conserver cette allure en reculant.

## JAMBETTE DES DEUX JAMBES.

Je fais prendre la position de jambette à droite, de manière à faire appuyer le pied sur un obstacle ; ensuite je fais l'effet du côté gauche, de façon à faire lever la jambe gauche et placer le pied à côté du droit. En réitérant cette manière de faire, qui nécessite plus de force que d'habitude, mon cheval en conserve le souvenir, et quand, sur un terrain plat, j'emploie la même force, j'arrive au même résultat. Mon cheval reste debout jusqu'à ce que je desserre les jambes.

## PASSAGE EN TENANT LES HANCHES.

Mon cheval étant au passage, je fais l'effet du côté droit plus puissant que le gauche, et mon cheval donne des hanches à droite en passageant.

## TENIR LES HANCHES AU GALOP SUR LE CERCLE, L'ÉPAULE EN DEDANS.

Mon cheval galopant sur le cercle à main droite, je

fais l'effet comme pour faire jambette à gauche ; le changement de pied s'exécute, et je maintiens le galop sur la courbe avec peu de main et beaucoup d'action de la jambe droite. Les membres de devant tracent la piste intérieure et ceux de derrière celle extérieure.

Si je veux inverser ce mouvement, je fais le changement de pied en faisant fuir rapidement les hanches en dedans du cercle avec ma jambe gauche ; en maintenant l'effet du côté droit, mon cheval soutient le galop sur la courbe et trace une piste extérieure avec ses membres de devant et l'intérieure avec ceux de derrière.

Le 8 de chiffre de deux pistes s'exécute de la même manière en traçant deux cercles l'un à côté de l'autre.

CHANGEMENT DE PIED AU TEMPS.

Mon cheval marchant au galop, je fais alterner les deux effets de côté en réglant la mesure sur les deux membres de devant comme pour faire jambette, tantôt à droite, tantôt à gauche, en maintenant mon cheval bien rassemblé, quand je n'accorde pas la mesure sur ses deux pieds de devant ; c'est lui qui se soumet en précipitant plus ou moins ses temps de galop, pour se conformer à la mesure reglée par mes deux effets de côté, en faisant son changement de pied à l'action de chacun d'eux.

### GALOP EN ARRIÈRE

Avec un cheval de la très-bonne espèce, l'écuyer peut, en le rassemblant à un très-haut degré, faire d'abord enlever l'avant-main, comme pour faire une courbette, aussitôt que le cheval est dans cette position. L'action des jambes fait enlever l'arrière-main, à son tour, pendant que la main force les membres antérieurs à revenir sur le sol en rétrogradant un peu.

La succession de ces divers bonds, avec un reculer très-lent, constitue une espèce de galop en arrière.

Enfin, avec du temps, on peut faire une foule d'airs de manége et de haute école qui n'ont pas encore de nom, tous à l'aide des trois effets en question : les effets de côté et celui d'ensemble.

Il faut donc rechercher leur perfection. Le chemin le plus court, c'est la *position de jambette* obtenue par les jambes ; on n'en trouvera jamais de plus rapide. Telle est encore ma conviction. C'est pourquoi je mets de la persistance pour la faire connaître à tous les cavaliers qui voudront essayer pour arriver écuyers.

Ceux qui ne pourraient obtenir la position de jambette seuls se feraient aider par un homme à pied qui frapperait de petits coups sur le sabot du pied à faire lever, du côté de l'effet, ou bien aussi de petits coups de cravache derrière le genou du membre que l'ont veut faire lever. Cet homme à pied peut encore pincer la peau qui se trouve entre les sangles et le coude ; mais il faut éviter ces moyens artificiels autant que possible. Les jambes seules peuvent faire comprendre au cheval les effets de pied ferme d'une manière complète.

## Sauts d'obstacles.

Pour faire sauter la barrière à un jeune cheval, on la fait mettre à terre et l'on fait passer le cheval dessus, au pas, au trot et au galop.

Ensuite on la fait élever progressivement et l'on fait sauter son cheval aux trois allures.

La barrière placée à un mètre de hauteur est suffisamment élevée pour le bon cheval ordinaire.

Il faut conduire son cheval sur une haie ou une barrière parfaitement rassemblé, se lier à lui des cuisses, des jarrets et surtout du bas des jambes ; ayant soin de porter le haut du corps un peu en avant, au moment où le cheval s'enlève, et de bien s'asseoir en reportant le corps en arrière, avant que le cheval arrive à terre, ce qui active le poser des pieds de derrière pour étayer la masse énorme après un beau saut.

On fait aussi sauter, au jeune cheval ordinaire, un fossé de cinquante centimètres, un autre d'un mètre, et enfin en dernier lieu deux mètres ; ce dernier fossé doit être très-incliné.

On conduit son cheval vers le fossé, comme pour la barrière, avec la main un peu plus légère et basse, pour que le cheval puisse regarder le fossé pour bien poser ses pieds de devant.

Habituellement le cheval pose ses deux pieds de devant à environ trente centimètres du bord du fossé, et, aussitôt que les pieds de derrière sont posés près de ceux de devant, ces derniers s'enlèvent pour commencer le saut. Parfois aussi le cheval s'enlève des quatre pieds en même temps ; après la projection il arrive, de l'autre côté de l'obstacle, sur ses deux pieds de devant, et souvent sur les quatre pieds s'il est bien soutenu.

Beaucoup de chevaux conservent le galop ordinaire pour franchir les obstacles qui ne sont pas sérieux.

Dans quelques séances, on peut habituer le jeune cheval aux différents sauts, mais il ne faut pas en abuser ; quand le cheval est instruit on le fait sauter rarement, dans l'intérêt de sa conservation.

Cet exercice est très-pénible au cheval commun et très-facile au cheval d'espèce et de fonds.

Quand un cheval de fonds est dressé à tout ce qui

précède, on lui donne les leçons de galop sur un terrain mou, en lui faisant parcourir d'abord une petite distance au galop ordinaire et puis ensuite en augmentant progressivement la distance et la vitesse en raison de l'âge du cheval, de ses moyens et des progrès qu'il fait.

Pour courir, il faut maintenir les jambes tendues au lieu de les serrer continuellement en arrière, afin de ne pas comprimer la poitrine et gêner le poumon dans la fonction de respiration.

C'est donc une grave erreur de la part des cavaliers qui serrent fortement les jambes avec l'espérance de galoper plus vite et plus longtemps.

Pour faire donner à un cheval toute sa vitesse, quand il est dressé aux jambes et à l'éperon, il faut le mettre au galop en le maintenant rassemblé et en l'esseyant le plus possible pendant le premier tiers du trajet ; dans le second tiers, on le contient un peu moins en serrant les jambes en arrière de temps à autre ; pendant le dernier tiers, on arrive à l'éperon et en dernier lieu à la cravache.

Cette progression ascendante est très-avantageuse à la respiration et surtout à l'action nerveuse ; elle permet au cheval de conserver sa sensibilité jusqu'au dernier instant ; tandis qu'en frappant le cheval au départ, il devient bien vite insensible à tous les coups.

Le cheval non dressé court à la cravache et à la voix ; plus un cheval va vite, plus il faut porter le haut du corps en avant pour ne pas gêner le rein et pour aider à l'impulsion.

## Des mouvements.

### ATTITUDES.

On entend par attitude une position particulière par laquelle le cheval, debout ou couché, reste à peu près immobile.

*Station forcée.* — La station forcée est la position du cheval debout, immobile et supporté par ses quatre membres.

*Station libre.* — La station libre diffère de la précédente en ce que le cheval ne repose que sur trois pieds.

*Station du rassembler.* — Dans le rassembler, les quatre extrémités sont très-rapprochées du centre de gravité, et la base de sustentation, au lieu d'avoir 1 m. 60 c., a parfois moins de 40 c.

*Station campée.* — Les extrémités sont très-éloignées du centre de gravité.

*Ruade.* — Dans la ruade, l'arrière-main s'enlève et

produit une détente rapide des jarrets qui lancent les pieds en arrière.

*Cabrer*. — Par une grande contraction musculaire, le cheval s'enlève et se maintient debout sur les deux pieds de derrière.

*Saut*. — Le saut consiste dans un déplacement subit d'un ou de plusieurs membres.

*Reculer au pas*. — Le reculer lent s'exécute en quatre temps. Le pied qui se lève le premier revient sur le sol avant que le deuxième se lève.

## Des allures.

### ALLURES NATURELLES.

Les allures naturelles que le poulain exécute seul dès son bas âge, sont : le pas, le trot et le galop.

### PAS.

Le cheval étant en marche, en supposant que l'allure ait été entamée à droite, on voit les membres se lever dans l'ordre suivant en quatre temps :

1° Membre antérieur droit ;

2° Membre postérieur gauche ;

3° Membre antérieur gauche ;

4° Membre postérieur droit.

Les membres arrivent sur le sol l'un après l'autre et dans l'ordre de leur lever.

Le pas est une allure avec laquelle on peut faire un long trajet sans fatiguer le cheval, quoiqu'elle soit très-lente.

La longueur d'un pas, chez le cheval ordinaire, est de 88 centimètres.

Ce cheval parcourt le kilomètre en neuf minutes, et par conséquent la lieue en trente-six, sur une route horizontale.

### TROT.

On distingue trois espèces de trot : le trot ordinaire, le grand trot et le petit trot,

Cette allure s'exécute par bipèdes diagonaux en deux temps.

Dans le trot ordinaire, les pieds postérieurs viennent marquer leur foulée sur la piste des pieds antérieurs.

Dans le grand trot, les extrémités postérieures dépassent celles de devant.

Dans le petit trot, les pieds postérieurs posent en arrière des antérieurs.

Au trot raccourci, les périodes d'appui sont plus longues que celles de projection.

Au trot ordinaire, les périodes d'appui sont égales en durée à celles de projection.

Au grand trot, les pieds restent beaucoup moins de temps appuyés sur le sol qu'en l'air ; c'est-à-dire que le cheval qui fait une lieue en neuf minutes au trot ne reste guère plus de trois minutes et demie appuyé sur le sol, et cinq minutes et demie privé de tout appui.

Le trot un peu raccourci de 240 mètres à la minute, convient pour faire de l'équitation ou dés manœuvres, parce qu'il permet de maintenir le cheval rassemblé.

Dans le trot, pour faire un trajèt sur une ligne droite ou sur une route, le cheval doit parcourir, à chaque temps de trot, 2 m. 40 c., et 260 mètres à la minute, par conséquent la lieue en moins de seize minutes. Ce trot plaît au cavalier ; il est vite et use moins les membres du cheval que le trot très-allongé et même trop raccourci.

Au trot le plus allongé, un cheval de la plus grande vitesse peut parcourir la lieue en moins de sept minutes.

Le trot est une allure assez pénible.

Les bons trotteurs se trouvent parmi les carrossiers; avec de l'exercice on peut leur donner une grande vitesse, vu qu'ils prennent difficilement le galop.

Il n'en est pas de même pour le cheval très-fin. Il sent que ce n'est pas son allure ; il veut toujours prendre le galop. Il faut un cavalier habile pour lui faire donner une vitesse en raison de ses moyens.

L'abus du trot pour le cheval chargé est terrible pour les membres ; il ne tarde pas à amener l'usure et à produire des tares ; de plus, il active toutes les fonctions et occasionne de grandes pertes par la transpiration et les autres sécrétions. Quand on a un long trajet à faire, il ne faut guère parcourir plus du tiers au trot et les deux autres tiers au pas, si on aime son cheval.

### GALOP ORDINAIRE A TROIS TEMPS.

Le mécanisme de cette allure est facile à saisir en regardant un cheval galoper sur le pied droit. En supposant qu'il puisse s'arrêter à l'instant où il termine un temps de galop, c'est-à-dire quand le pied droit de devant arrive sur le sol, on verrait que le jarret gauche de derrière a déjà donné sa détente, que le pied est levé pour commencer un nouveau temps de galop, que le bipède diagonal gauche supporte la masse et commence à donner son impulsion de bas en haut et d'arrière en avant, la jambe droite supporte ensuite une partie du fardeau et donne aussi sa détente de bas en haut et d'arrière en avant. L'enlevé s'est effectué en trois petits temps, et la période en l'air a lieu ; tout le corps est privé d'appui. Le pied gauche de derrière rencontre le premier le sol et forme le premier temps du poser ou la première foulée ; le deuxième temps est marqué par le bipède diagonal gauche et le troisième par le poser de la jambe droite de devant, troisième foulée.

Il y a donc, dans un temps de galop : l'enlevé, qui est subdivisé en trois petits temps, la période en l'air et les trois temps du poser. En équitation, on ne parle habituellement que des trois temps du poser ; de là est venue la dénomination de galop à trois temps, que l'on pourrait appeler aussi à six temps.

Dans ce galop à droite, les membres postérieurs gauche et antérieurs droit fatiguent plus que les deux autres.

Le galop sur le pied gauche s'exécute par les moyens inverses.

### GALOP RACCOURCI EN QUATRE TEMPS.

Les quatre posers ou foulées s'effectuent en des temps à peu près égaux : de là le galop à quatre temps.

Le petit galop ou galop de manége a lieu lorsque les empreintes des pieds diagonaux (deuxième foulée) sont moins espacées qu'elles ne le sont pendant la station du cheval au repos, et quand l'empreinte du pied postérieur, qui marque la première foulée d'un temps de galop, s'effectue en arrière de l'empreinte du pied antérieur, qui a marqué la troisième foulée du temps de galop précédent.

Le galop est toujours à trois temps lorsque les pieds d'un bipède diagonal posent simultanément.

### GRAND GALOP A TROIS TEMPS.

Lorsque l'empreinte du pied postérieur (première foulée) dépasse celle du pied antérieur (troisième foulée) d'une étendue plus grande que la base de sustentation, qui est de plus de 1 mètre.

### GALOP FORCÉ A QUATRE TEMPS.

Le galop est poussé à son maximum de vitesse, lorsque les quatre empreintes sont également distancées à plus de 1 m. 30 c. l'une de l'autre et sur la ligne parcourue.

### COURSE.

La course est la plus rapide de toutes les allures, celle qui exige la plus grande dépense de force musculaire et, par conséquent, la conformation la mieux organisée. Elle a lieu en deux temps séparés par un temps de suspension. Le premier temps est marqué par le poser des pieds postérieurs ; le deuxième par l'appui des membres antérieurs. Les pieds posent encore sur la même ligne et l'un après l'autre dans chaque bipède antérieur et postérieur.

Le pied postérieur gauche pose à 1 m. 50 c. en avant du poser du pied antérieur droit quand le cheval parcourt 7 m. 15 c. à chaque temps de galop.

Des chevaux de pur sang font la lieue en 4 minutes 45 secondes ; les plus vites peuvent faire le premier kilomètre en une minute ; les chevaux demi-sang vont moins vite.

Au galop ordinaire, le corps du cheval reste les deux tiers du temps en l'air et un tiers à l'appui.

Au petit galop le cheval reste aussi longtemps à l'appui qu'en l'air.

Au grand galop, le cheval reste appuyé une minute sur quatre et, à la course, une minute sur six.

Le grand galop est celui qui permet de parcourir la plus grande distance, pendant un laps de temps déterminé.

Quant à la course, le cheval ne peut la soutenir que pendant quelques minutes seulement.

MÉCANISME DES DIVERS GALOPS.

Le galop est juste quand le cheval galope sur le

pied droit en travaillant au tournant à main droite et sur le pied gauche en travaillant au tournant à main gauche.

Le galop est faux quand le cheval galope sur le pied gauche en travaillant à main droite et sur le pied droit en travaillant à main gauche.

Le cheval est désuni quand il galope à droite des pieds de devant et à gauche des pieds de derrière ou à gauche des pieds de devant et à droite des pieds de derrière.

Quand un cheval galope sur le pied droit, le cavalier éprouve un mouvement sensible de droite à gauche et en diagonal, c'est-à-dire qu'à l'instant où la jambe droite de devant donne son impulsion, le corps du cavalier est soulevé et renvoyé dans la direction de la jambe gauche de derrière ; le poser de cette jambe fait creuser les reins du cavalier qui sent la détente du jarret le renvoyer dans la direction de la jambe droite de devant, et ainsi de suite à chaque temps de galop ; le cavalier étant bercé sur cette diagonale doit comprendre facilement sur quel pied son cheval galope.

## Allures irrégulières.

### AMBLE.

Cette allure s'exécute en deux temps par les deux

bipèdes latéraux qui se succèdent dans le lever et le poser.

## AMBLE ROMPU.

Chacun des membres du bipède latéral fait son appui isolément, ce qui fait entendre quatre battues rapprochées par deux.

## PAS RELEVÉ.

Il s'exécute en quatre temps également espacés ; les membres se meuvent en diagonal et dans le même ordre que le pas ordinaire ; les membres rasent le tapis.

## TRAQUENARD.

Le traquenard est l'allure irrégulière du trot. Les membres du bipède diagonal arrivent sur le sol l'un après l'autre ; il est plus rapide que le trot.

## AUBIN.

Le cheval galope du devant et trotte du derrière, indice de faiblesse.

## CHEVAL QUI TROUSSE.

On dit qu'un cheval trousse, lorsqu'en trottant, ses membres antérieurs relèvent plus que d'ordinaire ; l'allure est moins rapide.

### CHEVAL QUI RASE LE TAPIS.

Le cheval ne lève pas assez les pieds ; il est exposé à buter et à tomber.

### CHEVAL QUI SE BERCE.

Le cheval qui se berce est celui dont le corps décrit, en marchant, un mouvement de latéralité prononcé.

### CHEVAL QUI BILLARDE.

On dit qu'un cheval billarde, lorsqu'en marchant, ses membres antérieurs décrivent un arc de cercle en dehors.

### CHEVAL QUI SE COUPE.

On dit qu'un cheval se coupe, quand avec ses fers, il se frotte les membres en marchant, défaut assez grave.

### CHEVAL QUI FORGE.

Le cheval qui forge fait entendre un bruit particulier dû au choc du pied antérieur par le postérieur.

### CHEVAL A ÉPARVINS SECS.

On désigne sous ce nom un mouvement de flexion brusque du jarret ; ce défaut est peu grave.

## Le vrai cheval de selle.

Mon but en racontant ma manière de voir, qui est celle de beaucoup de personnes, je crois, est de m'aider à changer le modèle du cheval de selle qui est encore dans l'imagination de beaucoup trop de cavaliers et d'autres personnes.

Voici les trois races qui donnent les meilleurs chevaux de selle.

### 1ᵇ RACE ANGLAISE OU FRANÇAISE.

Nos chevaux de pur sang d'origine anglaise sont faciles à reconnaître à la distinction, à l'élégance de leurs formes, à leur peau fine et souple, à leurs crins fins et courts, à leurs muscles fermes, biens dessinés sous la peau, à leur tissu cellulaire serré, à leurs vaisseaux très- apparents, à leur système nerveux et à leurs facultés intellectuelles bien développées. Cet ensemble de caractères et de qualités rend ces chevaux rapides à la course. C'est leur grande taille, l'action nerveuse et la qualité dans les muscles qui facilitent cette vitesse dans les allures.

### 2º CHEVAL ARABE.

Le cheval arabe est le plus gracieux de la terre.

Sa tête est bien attachée, légère et très-expressive ; le front est haut et large ; les oreilles sont petites, très-mobiles et bien plantées ; les yeux grands, à fleur de tête, expriment la douceur et l'intelligence ; la face est courte et le chanfrein droit ; les naseaux sont grands et les narines très-mobiles ; la bouche moyenne, les lèvres minces et fermes, l'encolure bien musclée, le garrot bien sorti et se prolonge en arrière, la ligne du rein et du dos bonne ; la croupe, la poitrine, les flancs, bien conformés, la queue bien attachée et remarquable par sa beauté.

L'épaule est longue et oblique, l'avant-bras est long, le genou large, le canon court et le tendon bien détaché ; les articulations larges, les sabots bien faits et doués d'une corne liante et solide.

Le cheval arabe, malgré cette brillante conformation, n'a pas la vitesse du cheval anglais de course, notre pur-sang ; cependant il a, comme l'anglais, un riche tempérament, la finesse de la peau, des poils et des crins, et de grandes qualités dans ses muscles ; mais il arrive rarement à la taille de 1 m. 50 c. C'est sans doute ce petit défaut de taille qui l'empêche de rivaliser avec notre cheval de course.

Il est très-dur à la fatigue, supporte les plus grandes privations, s'acclimate dans tous les pays ; il peut se passer du dressage à cause de son admirable douceur et de son fonds qui lui donne l'adresse dans tous les mouvements.

Les vrais chevaux arabes sont élevés dans l'Arabie, en Syrie et en Mésopotamie.

### 3º CHEVAL BARBE.

Le cheval barbe d'aujourd'hui n'est guère plus grand que l'arabe ; il est moins beau, il a la tête busquée, l'encolure souvent grêle et renversée, parfois le coup de hache ; la croupe étroite, oblique et inclinée de chaque côté comme celle du mulet. Sa queue, attachée un peu bas, pèche souvent par les membres, surtout par ses aplombs. Quant aux autres parties, elles ont beaucoup d'analogie avec celles du cheval arabe.

Ce cheval, malgré ses nombreux défauts de proportions, est très-sobre, très-dur, très-facile à nourrir; en un mot il n'a pas le brillant des qualités physiques du cheval arabe, mais il a le fonds pour rivaliser avec lui.

La première des trois races qui précèdent fournit nos chevaux de course qui sont très-légers à cause du régime et l'entraînement dès leur bas âge. Ce sont eux qui ont la plus grande vitesse des chevaux de France; elle fournit encore les frères de ceux-ci qui ne sont pas soumis au même régime; ils ont les formes un peu plus volumineuses ; ce sont les plus brillants chevaux de selle ; on en voit quelques-uns à Paris, au bois de Boulogne, et dans d'autres grandes villes, mais il y en a si peu, qu'il serait facile de les compter ; en conséquence, ils sont très-cher et il faut avoir une grande fortune pour se servir de cette belle espèce, qui est trop souvent critiquée par ceux qui ne la connaissent pas. Ces pur-sang de course et de selle peuvent seuls ramener en France le goût du cheval chez les jeunes gens, parce qu'ils offrent l'agrément à leurs cavaliers. Quand on s'occupera sérieusement de cette trop petite famille que nous avons aujourd'hui, elle se multipliera suffisamment pour faire baisser le prix à la portée de tous ceux qui voudront monter à cheval et peut-être pour former une cavalerie. La Manche n'est pas assez large pour nous empêcher d'avoir des chevaux comme les voisins de la France ; mais tout en recherchant toujours les plus beaux étalons dans cette espèce, il est bon de rechercher encore peut-être plus sérieusement les belles poulinières, ni trop jeunes, ni trop vieilles. L'étalon donne à l'élève beaucoup de ses formes physiques, tandis que la mère transmet une grande partie des qualités cachées qui sont les plus importantes ; elle donne donc les siennes et encore de meilleures par l'intermédiaire d'une très-bonne nourriture.

A l'élève il lui faut la prairie l'été, le foin, la paille et l'avoine l'hiver, parfois des carottes et du barbotage..

Beaucoup trop de propriétaires conservent leurs poulains pendant cinq mois de l'année dans des écuries fermées, chaudes et sans lumière ; ils ne peuvent élever que des chevaux gras et mous, qui ont souvent des tares graves. Ils font cela pour donner du volume aux formes, parce qu'ils savent que beaucoup de personnes établissent leurs prix tout simplement sur les proportions. Le gros cheval, dans la même espèce que le petit, a plus de valeur, ce qui ne doit pas empêcher l'acheteur de déduire la graisse et tous les préparatifs faits à dessein pour jeter de la poudre aux yeux.

Ainsi, pour être bien compris, je dirai que deux chevaux de pur sang, constaté par l'acte de naissance, étant aussi distingués l'un que l'autre, avec la même robe, le même embonpoint, celui qui aura plus de charpente et de volume dans ses muscles sera payé plus cher ; il aura plus de valeur que l'autre, bien entendu ; tandis qu'il ne faut jamais établir cette comparaison avec deux chevaux qui ne sont pas de la même espèce.

Il est certain qu'un très-bon petit muscle peut produire autant de force qu'un très-gros et mauvais.

Les chevaux de l'espèce ci-dessus prouvent depuis longtemps que ce sont eux qui possèdent le plus de qualités dans leurs muscles ; en conséquence, recherchons la beauté du cheval de selle où elle est, mais ne la voyons pas où elle n'est pas. En voici un exemple: il y a quelque temps, un fort cheval demi-sang bien suivi ; selon moi, c'était un beau carrossier de 2,000 fr., qui était monté en selle, pour aller au bois de Boulogne. Cependant j'entendais crier de toute part dans la foule : Oh ! le beau cheval !

Ce cheval était suivi d'assez près par un brillant cheval de selle de pur sang : je suis persuadé que son propriétaire ne le donnerait pas pour 10,000 fr. : personne n'y fit attention. Je me disais : Ce fort cheval ferait à peine 1,200 mètres dans deux minutes, à sa plus grande vitesse, et s'arrêterait aussitôt ne pouvant plus respirer ; tandis que ce bel alezan, son voisin, ferait 3 kilomètres dans quatre minutes et serait moins essoufflé que lui, vu qu'il pourrait aller encore beaucoup plus loin. Hélas! il appartient à cette belle espèce inconnue de la majorité.

On peut encore, en choisissant dans le demi-sang un étalon fin et une poulinière des plus distinguées, ni trop jeune, ni trop vieille, avoir un élève bon pour la selle. Malgré le prix très-élevé de tels chevaux, l'acheteur y gagnerait encore plus que le vendeur.

L'Algérie et le midi de la France fournissent de très-bons petits chevaux de selle.

S'il était possible d'y faire multiplier les pur-sang arabes et les pur-sang barbes sans croisement, on en aurait probablement encore de meilleurs que maintenant.

### CROISEMENT DES RACES.

On appelle races communes celles qui n'ont pas été croisées avec une race de pur-sang, comme tout le monde doit savoir.

On donne le nom de demi-sang au produit d'un pur-sang avec un individu de race commune.

Le produit d'un demi-sang et d'un pur-sang donne naissance à un trois-quarts sang.

### DU FONDS.

D'après la puissance musculaire chez les chevaux d'espèce, l'on peut en conclure que le fonds est dans les muscles et non dans la capacité de la poitrine, attendu qu'on voit souvent un cheval, avec une poitrine très-petite, soutenir une longue course; il a donc ce qu'on appelle le fonds. Un autre, avec une poitrine très-grande, qui ne peut soutenir le galop forcé plus de 1,500 mètres ; ce cheval a de mauvais muscles, qui ne peuvent se contracter longtemps ; la poitrine est mauvaise comme tout le reste du corps.

Cela s'explique par le diaphragme, qui est un grand muscle servant de cloison entre la poitrine et l'abdomen. Il faut qu'il se contracte, à chaque aspiration d'air, environ soixante-dix fois par minute, afin de donner aux poumons la facilité de se remplir d'air en refoulant la masse des intestins en arrière, et il se relâche à chaque expiration qui chasse l'air de la poitrine ; dès que tous les muscles sont fatigués, surtout celui en question, le cheval ne peut plus respirer en marchant au galop.

La grande poitrine facilite la respiration ; mais elle n'est pas le siége du fonds comme l'entendent beaucoup de gens.

Le cheval qui est élevé avec des herbages seulement a les intestins plus longs et l'estomac plus grand que celui qui mange de bon foin et beaucoup de graines ; par conséquent ce dernier doit avoir plus de qualités dans les muscles et plus de facilités pour respirer. Dans ce dernier cas, le diaphragme est fort et il est moins chargé par les intestins.

Ainsi le fonds est dans les muscles qui reçoivent leurs qualités de la *race de bonne espèce*, *de la mère*, de l'étalon, de la nourriture, de l'air, qui doit contenir 21 parties d'oxygène et 79 d'azote, et enfin de l'exercice modéré qui fait développer les muscles.

Les meilleurs muscles, secondés par une très-bonne action nerveuse, par la plus grande vigueur du sang, donnent la plus grande vitesse de la course.

Je crois qu'un cheval peut avoir le fonds, des qualités dans les muscles, sans avoir une très-grande vitesse, mais qu'il ne peut avoir une très-grande vitesse sans avoir un très-bon fonds.

Quant à la longueur les membres, elle ne facilite guère la vitesse des allures des chevaux au-dessus de la taille moyenne, par la raison que les membres qui font de grands pas ou de grandes enjambées ne peuvent pas les récidiver ou précipiter comme ceux qui font de petites enjambées ; cependant le défaut de taille est très-nuisible à la vitesse chez les très-petits chevaux.

Ceux qui sauront comprendre et appliquer la progression de dressage diront comme moi : la position de jambette obtenue par les jambes est le point saillant, puissant, pour dresser les chevaux et faire de la haute école.

# DICTIONNAIRE DES COURSES

**Age.** — Les chevaux prennent leur âge à partir du 1ᵉʳ janvier de l'année de leur naissance.

**Arrivée.** — Le juge, à l'arrivée des chevaux, est choisi parmi les Commissaires ; ses décisions sont souveraines.

**Banquette irlandaise.** — On appelle ainsi, dans les steeple-chases, un gros talus en terre d'une hauteur de 1 m. 20 c. sur une longueur de 5 m. 80.

**Box.** — Emplacement carré dans une écurie que l'on entoure de planches et où l'on met en liberté un cheval seul.

**Canter.** — On dit qu'un cheval prend son *canter* quand il fournit son galop d'essai devant les tribunes.

**Casaque.** — Espèce de chemise en soie de couleurs variées que portent les gentlemen riders et les jockeys, pour qu'il soit facile de les distinguer entre eux.

**Champ.** — Par cette expression l'on désigne le

nombre de chevaux qui figurent dans une course. On
dit que le champ est *nombreux* quand il y a beaucoup
de chevaux engagés, et qu'il est *médiocre* quand les
sujets ont peu de valeur.

**Cheval anglais**. — On n'appelle pas cheval anglais
tout cheval qui vient d'Angleterre, mais seulement les
chevaux de pure race inscrits soit au *Stud-Book* anglais, soit au *Stud-Book* français, et ayant leur généalogie parfaitement tracée.

**Cheval claqué**. — Quand il a les tendons et les
muscles des canons partis ou distendus.

**Cheval cornard**. — Cheval ayant la respiration
bruyante et difficile.

**Cheval de course plate**. — Se dit généralement du
cheval de pur sang ; car la course plate a surtout pour
but de prouver la vitesse.

**Cheval de demi-sang**. — Produit d'un cheval de
pur sang et d'une poulinière de race commune ou de
race améliorée, mais non inscrite au *Stud-Book*.

Pour qu'un cheval soit qualifié de *demi-sang*, il ne
suffit pas qu'il ne soit pas tracé au *Stud-Book*, il faut
encore que son propriétaire puisse prouver que son
père où sa mère étaient réellement de *demi-sang*.

**Cheval élevé en France**. — On entend par chevaux
élevés en France ceux qui, pendant leurs trois premières
années, n'en sont pas sortis plus de 25 jours.

**Claie.** — Obstacle formé de treillage d'osier, ou de branches d'arbres de 1 mètre de hauteur.

**Contre-bas.** — Cet obstacle, suffisamment indiqué par son nom, est formé d'une petite haie légèrement •inclinée et cachant un contre-bas de 1 m. 20 c. environ. Les chevaux fatigués trébuchent souvent en retombant sur le sol.

**Corde.** — Sur l'hippodrome, on se sert de corde pour circonscrire la piste.

**Couleurs.** — Chaque écurie de courses a ses couleurs ; c'est-à-dire une casaque et une toque de nuances différentes, afin que l'on puisse aisément les distinguer.

Nul ne peut prendre ni donner, à ses jockeys, les couleurs adoptées antérieurement par un autre propropriétaire.

**Criterium.** — Sous ce nom on a donné des prix aux poulains et pouliches de deux ans. Le *criterium* est un essai, une première épreuve, dans laquelle on cherche une indication pour l'avenir.

**Départ.** — Avant le départ, les chevaux arrivent au pas et de front, en occupant la place donnée par le sort. Quand les chevaux sont bien sur la même ligne et qu'ils partent au signal donné, le départ est bon ; il est mauvais ou faux quand un ou plusieurs chevaux partent sans que le signal soit donné.

**Dérober (se)**. — Un cheval se dérobe lorsqu'il quitte la piste. Il cherche à se dérober quand il se jette soit à gauche ou à droite, au lieu de suivre sa ligne.

**Disqualifier**. — Un cheval est disqualifié, toutes les fois que son propriétaire ou son jockey fait infraction au règlement des courses.

**Distancé**. — Ce mot a deux significations : un cheval est distancé lorsqu'il ne peut suivre le train et qu'il reste en arrière à une assez grande distance des autres chevaux. Un cheval est aussi distancé, quand il se dérobe et qu'il ne rentre pas dans la piste par où il en est sorti. Après la course, les jockeys doivent rester à cheval jusqu'à l'endroit où ils ont été pesés ; s'ils descendent avant d'y arriver, les chevaux qu'ils montent sont distancés. Tout cheval n'ayant pas porté le poids fixé par les conditions de la course, ou ayant couru sous une fausse désignation, est également distancé, etc., etc.

**Echarpe**. — Quand un propriétaire fait courir deux chevaux, l'un de ses jockeys prend ordinairement une écharpe ; c'est un large ruban de la couleur de la casaque passé en sautoir.

**Eleveur**. — Ce mot s'applique aux propriétaires qui élèvent des chevaux. On dira : M. X... fait de beaux élèves !

**Enceinte du pesage**. — L'enceinte du pesage est

un endroit réservé aux porteurs de cartes spéciales ; c'est là que circulent tous les membres du Jockey-Club, les propriétaires de chevaux de courses, les parieurs ; c'est là que se font aussi tous les préparatifs de la course, et que l'on voit promener et seller les chevaux.

**Epreuves.** — On nomme ainsi une distance quelconque parcourue sur un hippodrome.

Dans une course en partie liée, on dit qu'un cheval a gagné la première épreuve quand il est arrivé premier.

**Favori.** — Le cheval le mieux coté dans une course est le favori.

**Forfait.** — Quand un propriétaire retire son cheval après l'avoir engagé, il est obligé de payer une certaine somme comme indemnité. Déclarer forfait pour tel cheval, c'est annoncer que l'on désire rompre l'engagement fait précédemment, et qu'on est prêt à payer l'indemnité fixée, ou le forfait.

**Gentlemen riders.** — Hommes du monde qui montent à cheval.

**Hack.** — Cheval de selle proprement dit, de luxe et de promenade.

**Handicap.** — Signifie en anglais « main dans le chapeau. » Faire un handicap ou handicaper une course, c'est égaliser par le poids les chances de chaque cheval. Pour qu'un handicap soit bien fait, il faut que le meilleur cheval n'ait pas plus de chances de gagner la course que le plus mauvais. Les handicap sont des courses fort intéressantes.

**Handicapeur.** — C'est la personne chargée de faire un handicap; c'est-à-dire de donner à chaque cheval un poids qui égalise les forces de tous les chevaux engagés. Les poids sont répartis par le handicapeur suivant l'âge et la performance de chaque cheval.

**Hippodrome.** — Mot tiré du grec et signifiant courses de chevaux. On a donné ce nom aux champs de courses.

**Hunter.** — Veut dire en anglais cheval de chasse. Le Hunter, toujours de demi-sang.

**Jeu (faire le.)** — Un cheval fait le jeu quand il prend la tête dans une course.

**Jockey.** — Les jockeys sont, en général, de petite taille et légers de poids ; ils viennent ordinairement d'Angleterre.

**Longueur.** — C'est une longueur de cheval prise comme unité et servant à déterminer la différence qui existe entre les chevaux à l'arrivée.

**Match.** — Course entre deux chevaux. Le Match n'a guère lieu en France que lorsque deux chevaux sont arrivés tête-à-tête dans une course.

**Meeting.** — Veut dire en anglais, assemblée, réunion.

**Mile**. — Mesure anglaise ayant environ seize cent dix mètres.

**Obstacles**. — Dans les steeple-chases, il y a plusieurs sortes d'obstacles : la rivière, le double fossé et claie, la claie, la barrière fixe, le mur, le Bull-Finch, la haie anglaise, la haie simple, le fossé et haie, le double fossé et claie, la haie de fagots, la banquette irlandaise, le double mur en terre, le contre-bas, etc., etc.

**L'Omnium**. — Prix de 6,000 fr. pour chevaux de 3 ans et au-dessus. *L'Omnium*, se court au bois de Boulogne à la réunion d'Automne ; c'est un handicap qui offre toujours beaucoup d'intérêt.

**Pari**. — Somme d'argent engagée sur les éventualités d'une course.

**Parieur**. — Ceux qui font des paris aux courses sont des parieurs.

**Partie liée**. — Course en plusieurs épreuves.

**Performance**. — Les courses publiques fournies par un cheval établissent sa *performance*. On dit qu'un cheval a une bone ou mauvaise *performance* s'il a bien ou mal couru, s'il a eu ou non des succès.

**Pesage**. — Le pesage est une salle destinée à peser les jockeys avant et après la course. Le jockey, en se mettant dans la balance avec sa selle et sa bride, déclare le cheval qu'il doit monter. A l'arrivée, il doit se faire peser, aussitôt descendu de cheval, sous peine de disqualification ; s'il n'a pas son poids, son cheval est déclaré distancé ; et, c'est le cheval qui est arrivé second, qui gagne le prix.

**Piste.** — On appelle piste le tracé circulaire où courent les chevaux ; on tend des cordes pour en déterminer la longueur et la largeur.

**Poids.** — Suivant l'âge et la performance des poulains et pouliches qui courent, on leur donne à porter un certain poids. Les pouliches reçoivent une décharge de trois livres. On complète le poids du jockey avec des feuilles de plomb, et on lui en donne jusqu'à ce que la balance penche un peu de son côté.

**Poteau de distance.** — Se trouve à cent mètres avant le but.

**Poteau gagnant ou but.** — En face de la tribune du juge se trouve un poteau surmonté d'un disque. C'est le poteau gagnant ; il est divisé par une ligne noire allant de bas en haut. C'est cette ligne qui sert de point de mire au juge pour reconnaître et désigner le gagnant.

**Primes.** — Récompenses en argent données par le gouvernement aux éleveurs et aux propriétaires de chevaux, d'après le rapport d'un jury.

**Prix.** — Somme d'argent ou objet d'art donné au gagnant d'une course.

**Réclamation**. — Tout propriétaire de chevaux de courses peut faire une réclamation ; un jockey peut également réclamer s'il a été poussé ou croisé et si on l'a empêché de passer. Ces réclamations, d'après l'article 2 du réglement, sont soumises à MM. les commissaires, qui jugent souverainement. Aucune contestation ne peut être portée devant les tribunaux.

**Stud-Book**. — Le *Stud-Book* est un livre spécial qui contient la généalogie de tous les chevaux de race pure. Ce livre s'augmente tous les ans d'un beau volume.

**Toque**. — Casquette de diverses couleurs, que portent les gentlemen riders et les jokeys pour aider à les distinguer.

**Turf**. — On appelle turf le terrain sur lequel ont lieu les courses de chevaux.

---

## Les principaux hippodromes de France.

Abbeville. — Amiens. — Angers. —Angoulème. Aurillac. — Avignon. — Avranches. — Barbezieux. — Béthune. — Béziers. — Blois. — Bordeaux. — Boulogne-sur-Mer. — Bourges. — Brest. — Caen.

— Carcassonne. — Cercy-la-Tour. — Châlons-sur-Marne. — Châlon-sur-Saône. — Chamery. — Charleville-Mézières. — Cherbourg. — Corlay. — Courtalain. — Craon. — Dax. — Deauville. — Dieppe. Dinan. — Le Dorat. — Falaise. — Farceaux. — Feurs. — Fontainebleau. — Guérande. — Hières. — Jonzac. — Lamballe. — Lanjon. — Laon. — Lille. — Limoges. — Luçon. — Maisons-Laffite. — Le Mans. — Mantes. — Marseille. — Maubourguet. — Metz. — Montdoubleau. — Mont-de-Marsan. — Montauban. — Montierender. — Morlaix. — Mortagne. — Moulins. — Nancy. — Nantes. — Napoléon-Vendée. — Le Neubourg. — Nevers. — Paimbœuf. — Pau. — Périgueux. — Péronne. — Le Pin. — Le Pizou. — Plouguenast. — Poitiers. — Pontrieux. — Porchefontaine. — Quimper. — Redon. — Rennes. — Rochefort. — La Rochelle, — Rostrenem. — Rouen. — Royan. — Les Sables d'Olonne. — Saint-Brieuc. — Saintes. — Saint-Lô. — Saint-Maixent. — Saint-Malo. — Saint-Nazaire. — Saint-Omer. — Saumur, — Savenay. — Schlestadt-Wissembourg. — Sédan. — Strasbourg. — Tarbes. — Toulouse. — Tours. — Troyes, — Valenciennes. — Vannes. — Vauvert. — Versailles. — Vesoul. — Le Vésinet. — Vic-Fezensac.

# DES COURSES

Les courses à obstacle devraient être supprimées
pour tous les chevaux qui n'ont pas au moins quatre
ans et demi, car ce n'est pas en pressurant chaque
année nos meilleurs jeunes chevaux que nous pourrons améliorer rapidement les chevaux de la France ;
il est même probable que si on interdisait les courses à obstacle, la race chevaline pourrait y gagner ;
elles servent du reste à faire tuer des jeunes gentle-
mens et à en éloigner de l'école de l'hippodrome.

Il y a aussi beaucoup de personnes qui n'aiment
pas ces courses dramatiques et qui se privent du
spectacle de l'hippodrome ; il conviendrait donc de
donner aux courses un caractère différent et agréable
pour tous ; voici les moyens qui semblent bons pour

atteindre ce but et pour avoir les meilleurs chevaux, tant pour le civil que pour la cavalerie :

Tous les hippodromes de France seraient interdits aux chevaux au-dessous de cinq ans, ayant été soumis à un régime d'entrainement ou ne se trouvant pas dans un état de santé et d'embonpoint convenable.

Ceci n'empêcherait pas les propriétaires de faire galoper leurs chevaux autant qu'ils le jugeraient à propos avant de les présenter pour les courses, ayant soin de ne pas réduire les liquides et les graisses d'une manière visible, aux yeux de messieurs les commissaires et vétérinaires chargés d'apprécier et de recevoir les chevaux pour les différentes courses. (Voir la question des liquides qui est traitée au commencement de cette brochure.)

## Maximum des distances à parcourir en raison de l'âge et de l'espèce de chevaux.

### CHEVAUX DE PUR-SANG.

| | |
|---|---|
| 3 ans. . . . . . . . . . . . . . | 1,000 mètres. |
| 4 ans. . . . . . . . . . . . . . | 1,500 — |
| 5 ans. . . . . . . . . . . . . . | 2,500 — |
| 6 ans et au dessus. . . . . . . | 3,500 — |

### CHEVAUX DE DEMI-SANG.

3 ans. . . . . . . . . . . . . . . . 800 mètres.
4 ans. . . . . . . . . . . . . . . 1,000 —
5 ans. . . . . . . . . . . . , . 1,500 —
6 ans et au dessus . . . . . . 2,500 —

Si les courses à obstacle devaient avoir lieu pour les chevaux de quatre ans et demi et au-dessus, les distances à parcourir ne devraient pas dépasser 2,000 mètres pour les demi-sang et 3,000 pour les pur-sang.

En ne dépassant jamais ces distances prescrites, les chevaux pourraient encore rendre de grands services, après leur longue carrière des courses.

# COURSES MILITAIRES

Les chevaux de la cavalerie ne sont pas de pur-sang, ils n'ont pas été élevés et dressés pour les courses ; ensuite comme je l'ai dit plus haut, l'équitation diffère et doit forcément différer un peu.

Il est beaucoup plus difficile à un militaire de franchir 8 obstacles sur 1,500 mètres, avec son cheval de de demi-sang, qu'à un jockey de franchir 20 obstacles sur 5,000 mètres avec un cheval de prix dressé pour les courses et de pur-sang ; cependant la cavalerie a besoin des courses militaires et sans obstacle ; les sauts d'obstacles prescrits dans l'ordonnance sont suffisants pour faire la guerre, il vaut mieux stimuler la vitesse par des courses plates sans un entraînement autre que celui prescrit dans la nouvelle ordonnance qui va paraître bientôt et qui est bien désirée.

A part l'avancement, la plus grande récompense

qu'on pourrait offrir aux cavaliers militaires devrait être l'honneur de faire partie des courses.

Chaque année dans chaque garnison de cavalerie, il devrait y avoir, vers la fin des manœuvres, un dimanche réservé pour les courses ; les prix seraient plus ou moins conséquents en raison des recettes provenant des entrées sur le terrain de manœuvre ou dans la prairie pouvant servir d'hippodrome.

Le programme pourrait être établi à peu près ainsi qu'il suit :

Plusieurs courses pour messieurs les officiers montant leurs chevaux ; poids, 75 kilos sans compter le harnachement, parce que la taille n'est pas fixée pour les officiers et que les plus légers auraient toute la chance si le poids était à volonté comme pour la troupe.

Distance, 1,500 mètres.

Tenue de course de rigueur.

Une ou plusieurs courses pour les sous-officiers, ayant fait le moins de punitions depuis un an et montant leurs chevaux d'armes.

Distance, 1,000 mètres environ.

Poids à volonté.

Tenue du matin et selle nue.

Une ou plusieurs courses pour les brigadiers.

Distance, 800 mètres environ.

Les autres conditions comme pour les sous-officiers.

Cinq courses environ pour les simples soldats.

Mêmes conditions que pour les brigadiers.

Le même cheval ne pourrait pas courir dans plusieurs courses le même jour.

Messieurs les commissaires feraient tirer au sort dans chaque catégorie pour désigner les concurrents qui devraient courir dans la même course ; de plus, après une ou plusieurs années, tous les chevaux ayant gagné des prix seraient appelés à courir ensemble dans chaque catégorie, afin d'égaliser les chances autant que possible ; 1 kilo ralentit environ de 5 mètres sur 2,000.

Quand le terrain le permettrait, on ferait ces courses en ligne droite, pour les rendre encore plus faciles et éviter les accidents.

Cette fête pourrait être aussi parfois complétée par un carrousel de sous-officiers, brigadiers et meilleurs cavaliers.

On pourrait encore désigner une course pour les jeunes civils des environs de la garnison qui voudraient y prendre part avec leurs chevaux.

Il faudrait mettre de côté un vain préjugé et ne pas craindre de courir pour des prix d'argent et des objets d'art, quand il s'agit d'une fête agréable pour tout le monde et pouvant aider puissamment à l'élevage des bons chevaux.

Il semble vraiment que ce genre de fête pourrait donner un attrait extraordinairement favorable à la cavalerie.

---

## Dernière observation.

On remarque dans la progression théorique sur les manœuvres pouvant aider aux progrès de la cavalerie, que des commandements sont supprimés ; mais que ceux nécessaires dans l'intérêt de la conservation des chevaux sont prescrits d'une manière formelle ; en effet, si nous abusions des manœuvres sans commandements ou simplement avec des sonneries, nos chevaux en supporteraient les graves conséquences ; étudions et apprécions avant de réduire et de supprimer ce qui offre des avantages invisibles pour beaucoup de cavaliers.

FIN